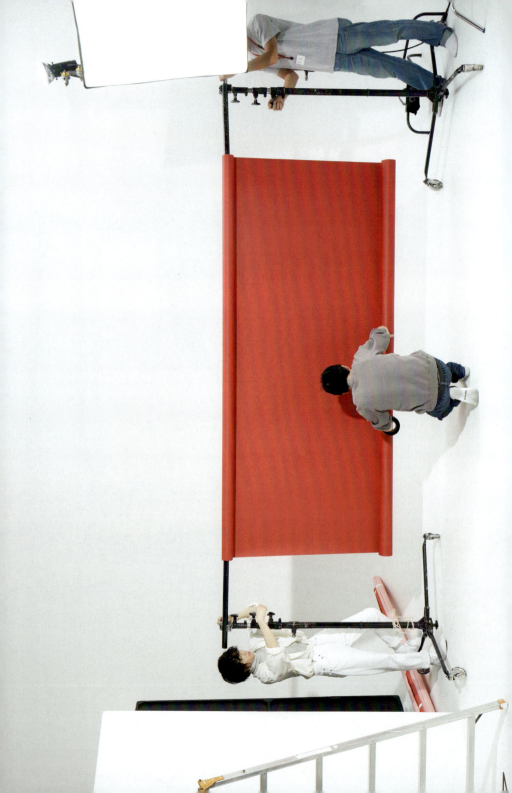

YUKI

小越勇輝

YUKI OGOE
DOCUMENTARY PHOTOBOOK

アーティストプロデュース	松本麻呂衣（アットプロダクション）
撮影	山本正大
インタビュー	相川由美
校閲	河野久美子
ヘア＆メーク	板津勝久（raftel）
	佐々木渚香
スタイリング	藤井晶子
	ホカリキュウ
デザイン	梶山小夏（トレスアミーゴス）
アートディレクション＆デザイン	川原経義（トレスアミーゴス）
企画・編集	井原康太郎（主婦と生活社）

photographed at SHINOKUBO/TOKYO

on April 18, 2017

photographed at Midoriyama Studio City

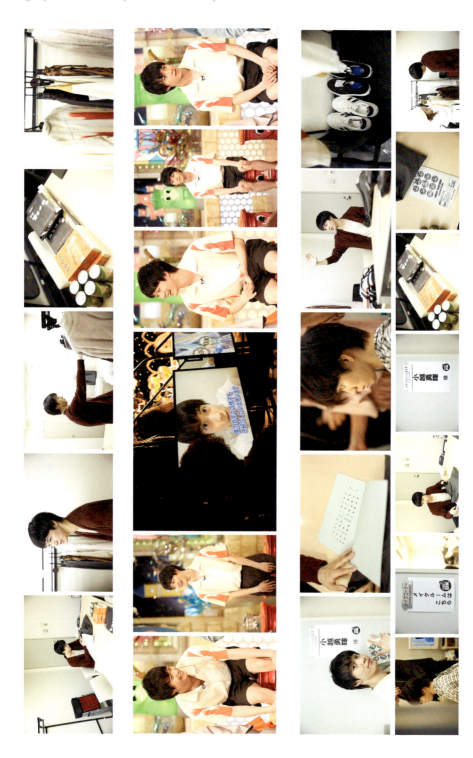

| on May 4, 2017

interviewed at SHUFU TO SEIKATSU SHA/TOKYO on July 19, 2017

──今日はロングインタビューになりますが、よろしくお願いします。そもそもインタビューは得意？
ん―、最初のころはすごく苦手でした。それこそ、質問、こういうのしますよっていう紙があったら、一個一個何を言おうかっていうのを…引中学生のときですけど、すごい考えたりしてました。でも、最近は何も考えないです（笑）。話すのは決して得意ではないし、うまく伝えられたほうがまとめやすいとは思うんですけど。いい感じに編集してください！っていう、なんか変な安心感と甘えがありながら、今、感じてるものであったりを伝えていきたいなっていうのはあります。なんか僕、こういう取材もそうですけど、イベントとか、人前でしゃべるときに決めちゃうと、それを追うちゃうので。「これを言わなきゃ」って。それが言えなくなったときに、「あれ、なんだっけ？」って考えちゃうと間ができちゃうんで。だったら、その瞬間には言えることを言えるようにしないな、と思って、あんまり考えずに行くんですけど。ま、それもこうやってたくさんお話しできる機会を与えていただけたので、それで多少なりとも鍛えられたというのはあります。
──舞台をやるにあたって取材の機会も増えたから？
そうですね。取材であったり、人前でしゃべることが増えたので。ただ、そういう機会が多いからこそ、自分の立場もあるんで、「おまえ面白くないな」って一番いいヤツには言われます。「決まったことしか言わない」「堅いな」みたいな。「もっと無責任でいいのに」ってことは言われますね。なんか僕は、すごいきっちり締めようとしちゃうから。「ま、それが良くもあるけどな」とは言ってくれますけど。「おまえは、それでいいんだと思うけどね」って。
──あまりグダグダしたところを見せたくない？
なんか知ってもらったほうがラクだな、とは思います。普段、べつにプライベートとか、ハキハキしてるタイプじゃないんで。知ってもらったら…っていうか、知ってるとは思うんですけど、みなさん（笑）。ただ、仕事となるとまたべつのスイッチというか。自分だけど、自分じゃない感じなので。仕事でそれを出すのはどうなのかな、とか。でも、そういうところも、違った位置から見せてもいいのかなって。ただ、ダラーンとしてるんじゃなくて、んー、無機質じゃないけど…。そういうラクそうだけど、ただラクなだけじゃない、っていう表情から振る舞いも、出せていけたら強いな、と最近は思いますね。やっぱ、写真とかも、キメることが多かったりしたので。そうじゃないカッコよさとか素敵さっていうのがあるな～って思って。それを出すっていうこと難しいと思うんですけど、そういうのがもっとつかめたらなっていうのは思いますね。自分が見るのと人が見るのとでは、また違ったりもするんで。自分が良くなくても、まわりの人がいいって言ってくれるのもあるし。そういうところも武器にできたらいいな～っていうのは感じますね。
──今日はさかのぼって、3歳から聞こうと思うんだけど、3歳のときにおばあちゃんの友だちが事務所に応募してくれたんだよね？　そのときは、まわりの人が「やったらいいんじゃない？」とか、お母さんが「かわいいからやらせたいな」とか？
いや、まったく勝手に応募されたらしくて。
──お母さんも？
そう、知らなくて。で、「合格したから行ってきなさい」っておばあちゃんに言われて。でも、お母さん的にはイヤだったんですよね。それこそ、ちっちゃいんで自分で通えないじゃないですか。お母さんが連れていったり、レッスンさせに行ったりとか。ま、お金も払わないといけないし。仕事の現場も行かなきゃいけないし。つきっきりで行かないといけないから、ホントはイヤだったみたいですけど。でも、続けさせてくれってて感じですね。

──おばあちゃんが、かわいい孫を見せたかったの？
いや、違うんじゃないですか。友だちに見せて、おばあちゃんの友だちが勝手に応募したんです。僕は、お会いしたことないんですけど。
──応募してから、張りきってたわけではない？
決まってから、張りきったんじゃないですか。「行ってきなさい」って。でも、「勝手に応募した」って言ってたんで、たぶんおばあちゃんも知らなかったんじゃないですかね。
──不思議な縁だね。
不思議ですね～。なんかすごい不思議だな～と思って。僕もそれこそ、生まれるのは最初、3月だったらしくて。それが4月になって。
──予定日より遅くなったってこと？
そうです。4月生まれだと同級生よりも、いろいろできることが早いじゃないですか。たとえば、免許取ったりとか。なので、お母さんが4月生まれになるように願ったみたいで（笑）。それも3月に生まれてたら、また人生が違ってたのかな、と思うと、不思議だな～と思いますね。
──3月に生まれてて、身体の大きい子たちと一緒に学校に行かないといけなかったしよ。でも、頑張ってお腹に続けることはできないんじゃないの？（笑）
そうはいかないと思いますけど（笑）。
──4月生まれになったらいいな、と思ってて4月生まれになったんだ？
うん、そうですね。そういう縁ってすごいな、と思って。いつもはこの道を行くのに、じゃあ、今日はこっちの道に行ってみようかな、と思ったら違うことが起きるかもしれないんで。3月に生まれてたら、こんな生き方してなかったかもしれないし。そう思うとすごく不思議だな、と思います。
──事務所に受かったのも、大きな分岐点だよね？
そうですね。
──3歳でもレッスンがあった？
3歳でもレッスンしてたと思います。うっすらした記憶しかないですけど、やってました。
──オーディションに受からないと仕事が来ないけど、それに受かった？
そうですね。でも、ちょくちょくですけどね。思い返せば、どんだけ受けたかわかんないくらい受けて。受かって落ちての繰り返しだったんで。それも大変だったと思います。ただお仕事をもらえるわけじゃないので、やっぱオーディションに行って、受かるか受かないかなんて、もう数えられないほどのオーディションにお母さんが連れていってくれるわけですから。それも大変だっただろうな～。
──子どもにも試験でしょ？　受かるとまわりも喜んでくれて、落ちるとガッカリする。
そうですね。まわりも喜ぶし、受かったらなんか買ってもらえて（笑）。普段、買ってもらえなかったんで、それこそなんか受かったら、「あ、カード買ってもらえる」とか。そういうのはちっちゃいながらもありました。
──最初に受かったのは？
いっちばん最初の仕事は、僕は覚えてなくて、お母さんに教えてもらったら、『おかあさんといっしょ』みたいな感じのちっちゃい子がいっぱい出る番組だったらしくて。それはまったく記憶にないです。も物心ついたらやってたんで、覚えてないのは多々あると思いますけど。自分の中でちっちゃいときにやってたので記憶にあるのは、『おそるべっっっ！！！音無可憐さん』っていうドラマで、「迷子の子ども役」っていうのは自分の中で記憶にありますけど、それより前はあまり記憶にないです。で、お母さんに「最初はなんだったの？」って聞いて、それって言われたときに、「そんなのをやってたんだ」みたいな（笑）。
──初めて受かったときはお母さんもおばあちゃんもうれしかったんだろうな。

そうですよ。やっぱ歳が上がって小学生になったときドラマのゲストで出るとかってなると間のドラマの枠に自分の名前が載ったりするとね喜んでくれたんで。それはうれしかったです
──何が載ったの？
なんか刑事系みたいな。えーと、なんていうたっけ。推理っていうか、なんとか事件…あ、ペンス的な。そういうドラマあるじゃないで そういうのも多かったので。そういうのとかが出たりとか。
──子役も名前が出るんだね。
出ましたね…っていうことが小さいときに。大きい役はなかなかできなかったので、それにストとか。ちょっとした役でしたけど、名前が載ることが自分もそうだけど、まわりも見くれたので、うれしかったです。
──切り取ってとってある？
うん。とってたりしますね、たぶん。親が、ぜんぜんそういうのはしないですけど。今でも る雑誌は全部買ってくれてます。もちろんJUNON
──小さいときにオーディションに受かる方法えた？　特技したり？　台本読んだり？
そうですね。台本読んだり。特技が一番苦手でし 特技披露とか。やんなくてもいいなら、やらな たですし。
──やらなくていい場合もあるの？
特技がある人だけやってください、とか。絶対 技をやらなきゃいけないときは事前に聞かされ んで、手品やったりとかしました。でも、手 かすつもりありだったですよね。
──お芝居は？　台本読んだり。
それは、楽しかったですけど。事前にもらうとプ シャーだったり、「覚えなきゃ」とか、その場で うと逆に「今か」って。けっこうそういうプレッシ はありましたけど、緊張は毎回するんで、今で ます。必死かも。
──小さいときも仕事のスイッチはあった？
あったんじゃないですかね。やっぱ仕事してる 大丈夫だったりとか。オーディションとかは緊張 るんですけど、本番も緊張しますけど、そうし 緊張とはまた違って。カメラの前に立って仕事 るとか、そういうふうになると、また違った緊張 というか。ま、やるしかないんで、そういった意 でぜんぜん違うスイッチは入ってました。自然と。
──お芝居楽しかったんだね？　小さいときから お芝居楽しかったですね。レッスンもお芝居は楽 くて。お芝居はやってました。
──子どもでも、ちゃんと設定を理解してセリフを えて楽しいと思えたんだろ。
うん、単純に「楽しい」でしたね。なんか深くま ないで。今出てる子役の子とかってやっぱすごい えてるんだろうなって。そういうのを見てすごい と思いますけど。そのときの自分は楽しい…べつ 遊びの意味で楽しいじゃなくて、楽しかったです 単純に。でも、それを深くまで考えてるかってい たら、べつにそこまで深かった気はしないんで。 あとは大人が多かったんで。今は、同年代とかも いですけど、その当時は年上が多かったんで。こ いう性格だし、人見知りだし、ぜんぜんしゃべれ かったです。現場で「静かにしてなきゃ」っていう のがすごく強くて。最近は少なくなりましたけど 昔は現場で大人が怒鳴ったりするのが普通にあっ たんで、「絶対に怒られないようにしなきゃ」とは すごい思ってました。
──子ども時代は大人が遊んでくれて騒いで楽 かったという人もいるけど、小越くんはおとなし てシャイで、しゃべりもしない。でも、お芝居は しかったんだ。
楽しかったです。でも、人見知りだし、前に出て けないので。大人の人が気を使ってくれたりと

YUKI OGOE **LONG** INTERVIEW

ないことを教えてくれたりとか、っていうのは
く楽しかったですね。でも、自分から発信はで
くて、「どうしよう、どうしよう」って考えてる
。よく「眠いの？」って言われてました（笑）。「大
 眠い？」って。

──子どものころに褒められたことは覚えてる？

ん…。『仮面ライダー電王』のときに、記録さん
うおばあちゃんの方で、すごい怖かったんです
「ここつながりが違う」とか。すごいいやだな
てたんですけど、最後のほうに褒めてくれて、
ご優しく話してくれて。それが印象に残ってま
。

──なんて言ってくれたの？

、なんて言ってくれたか、あんまり詳しく覚え
ないですけど（笑）。「よく頑張ったね」みたいな
を言っていただいて。それはなんか、すごく覚

──現場はお母さんがついてきてくれたの？

うですね。お母さんがついてきてくれました。

──どの現場も？

。レッスンとかは、小学校上がったときに行き
を教えてもらって、ひとりで行けるようになりま
。レッスンは同じところに行くんで、道を覚え
えすれば行けたんですよ。現場はやっぱりいろいろ
車の路線を乗り換えて行くので、連れていっても
ってました。

──撮影してるときは現場で見てるの？

ました。

──セリフ合わせも。

でやったりしてましたね。

──二人三脚だね。

うですね。すごいずっと見ててくれたんで、ずっ
ついて来てて、現場の感じも何となくわかってま
。だから、今でも舞台とか見に来てくれたりす
と、いろいろ言ってくれたりしますね。

──お母さんが見てくれるのは心強かった？

ヤでした。なんか身内…なんだろう、こう、歳
がっていくごとにそこに対する恥ずかしさという
で、お母さんが言ってくるわけじゃないですか、
と。それがイヤだったりとか、ありましたね。

──それは小学校高学年？

学年…そうですね。高学年とか中学入って最初
うもついてきてくれたんで、それはイヤだったりしま

──いつまでついてきてくれたの？

学1年の後半ぐらいですね。ちょうど『仮面ラ
ダーキバ』の前半ぐらいかな。

──自分も普段とは違う芝居のスイッチがあるしね。

く恥ずかしって。ただでさえ放送を見てて、
緒に見るのも恥ずかしかったんで。今はもうそん
のないんですけど、そのころはやっぱり一緒に見て
ても恥ずかしかったんで、現場で見られてたら恥
かしいですよね。

**──学校をお休みしなきゃいけないのはイヤじゃな
かった？**

学校のときはイヤでした。イヤだったというか、
学校1年とか2年とか、小学校に入ると、こうい
仕事をしてることを多少なりともまわりは知って
んで。それで、年上の人にからかわ
たりするとすごいイヤでした。

──からかう人がいるんだね？

ましたね。それがすっごいイヤだった。仕事をや
 はと思ってなかったんですけど、イヤだな〜と
ってました。

──やめたいと思ったことは一回もない？

ります。最近（笑）。最近というか、二十歳ぐらい
。それまでは、やめたいとは思わなかったんです
しし、まわりに言われるのがホントに
。でも、小学校の学年が上がっていって、まわ
の友だちが理解してくれたりとか。で、中学入っ

ても同じ地元で。小学校から一緒の子もいるし、ほかの学校から来た子もいるけど、だいたいみんなが理解してくれてるので。仲がいい子たちはヘンな目で見なかったので、そこはすごいラクで。普通に部活もしてましたし。

──テレビに出てることを言われるのはうれしくなかったの？

あんまりうれしくなかったです。普通に言われるぶんにはぜんぜん大丈夫だけど、小学校のときは、それをネタにされるのがイヤでした。「なんでそんな言ってくるんだろうな」とか。

──でも、出てることは誇らしいんじゃない？

うん。恥ずかしいからとかじゃなくて…。何でんですかね。

──見てはもらいたいけど、それについてからかわれるのがイヤだった。

が、イヤでした。だから、中学に入るタイミングで、ずっと自分の意志で入ったわけではなかったし、当たり前のようにやってて。その中学に入るときに、親に「続けるか、続けないか自分で決めなさい」って言われて。ちょうどそのときに『仮面ライダー電王』をやってて、「やっぱり楽しいな〜」と思って。で、「続けたい」と思って、中学入って続けることにして、で、そのあとまた仮面ライダーやらせていただいて。なんだろう…みんな見てくれて、ブログとかもやってたんで、たまに見てくれてたりしみたいで、「すごいね」とか言ってくれるのはぜんぜん良かったんで。ただ、それで寄ってくる子もいるし「出世したね」とか言われると、「出世してないし」と思って。「儲かってんでしょ」とか言われて、そういうのもイヤで。「儲かってないし。みんな大変さを知らないよ」と思いつつ、なんか顔に出ればお金持ちっていうような言われ方もイヤだったで。自分の歳が上がって後輩ができると、中学生だから、みんな自分の意識も少し大人になってきて、目の前でとかじゃないけど、後輩みたいな子の見る目が違ったり、陰で噂されてる感じ？「あれがやってる人だよ」とか。そういうのもイヤでしたね。しょうがないんですけど。

──中学生のほうが陰で言う感じなんだね。

より面倒くさいっちゃ面倒くさいですね。単純じゃないというか。みんなちゃんと意識してるから。

──お母さんに「どうするか決めなさい」って言われてなかったら？

言われなかったら、もうそのまま普通に続けていました。何もない感じで。

──お母さんはなんで言ったんだと思う？

中学に上がるタイミングで、なんで言ったんですかね。でも、中学でいろいろ進路も決まりますし、やりたいことも増えるじゃないですか。部活とか。たぶんいろんなことを考えて、どうするかって言ったんでしょうね。

──言われなかったら自分に問うこともなく。

なく続けてましたね。だから、ま、いい機会だったんだと思って。

──それはどこで言われたか覚えてる？

どこで言われたんですかね。この話するときに、近くの公園が思いつくんですけど、でも、たぶんそこじゃないんですけど（笑）。なんか。家なのかな。場所はあんまり覚えてないけど、そういうこと言われて。

──小越くんの話によく出てくるから、そこが自分でもターニングポイントだと意識してるんだ？

そうです。まず1回目の。うん。まず最初のですね。

──学校に行くのとどっちが面白かった？

どうなんですかね。あんまりそこは比べてなかったですけどね。

──仮面ライダーはけっこう大きい？

大きいですね。やっぱゲストとして。電王に関しては、それは中学に入る前に、ちゃんと2話分でゲス

トでやらせてもらって、出番もあったので、そういった意味で、自分がまだ教えてもらえなかったというか。気づけなかった世界。「あ、こういうふうにできるんだ」っていうか、「こんなに役割があって、やらせてもらえるんだ」っていうのが大きかったんですね。それが大きかったのかな。「まだまだいろいろできるんだな」って。

──今までのゲストで出るのとはぜんぜん違った？

違いましたね。ほかのスペシャルドラマで1話に。ちょっとだったので。そういった意味ではぜんぜん大きかったですし。でも、それもオーディションに受からないと思ってたんですよ。緊張しまくって、近くのゲームセンターに行って、セリフ覚えてたんですけど。なんかレースゲームみたいなのをお母さんとして、それで「一回落ち着いて行こう」みたいな。で、行ったら、セリフがまったく飛んで（笑）。全部飛んで、それで、なんか呼んでいただけて、そんな裏話もあるんですけど。

──決まったときは、うれしかった？

うれしかったです。「ウソでしょ！」と思いました。そんなセリフ完全に飛ばしてぜんぜん思うようにできなかったのに。

──セリフをうまく言えばいいわけじゃないんだ。

何か資質を見たんだろうね。
そうなんですかね。うん。

──あとは役に合うとかね。

そうですね。その当時、サッカーやってたんで、サッカー少年の役だったんで。

──アピールしたんですか。

したんじゃないですかね、きっと。

──もっと大きい役をやりたいなって、ずっと思ってた？

そうですね。

──悔しかった？

それはすごいありますね。いろいろ受けて、それこそ、こんなの書けるかわかんないんですけど、何回も何回も受けて最終までいって、連ドラとかで、最終まで行くことも何回もあって、「ほぼ決まりです」みたいなことも言われるんですよ。言われて、落ちて、「えっ、なんでそんなこと言ったの？」みたいなことを、やっぱ今まで何回もありましたし。ＣＭとかもそうですし。だったら言わなきゃいいのにとか。

──よく幼いのに頑張ったね、そんな試練を。

「次こそ」って。悔しいって、次こそって思いでやってて。それがずっと続きました。けっこう。そういうのが多かったです。受かることのほうがやっぱ少ないですし、そういうことを経験できてよかったし。これからも、そういうことがいっぱいあると思うんですけど。でも、今から知るよりは、早くそれを知れて、今、こうしてお仕事ができるのは、幸せだなと思って。

──小学生のころにそれを経験して良かった？

良かったです。そんな簡単な仕事じゃないし。仕事があるのが当たり前じゃないし、そういう悔しさとか大変さを知ることができたので。あるものを当たり前にこなしてと、じゃなく。うん、目の前のものを必死に頑張りたいなって思います。ひとつひとつを大事にしたいっていうか。

──どうする？ってお母さんに決断を迫られたときは悩まなかった？

悩まなかったです。まったく悩まなかったですね。

──その時点では、役者の道が見えたんだね。

先はどうなっていくかっていうのはわかんないというか。あんまりそんな、すっごい先のことまでは考えてなかったですけど、ずっとやってるし、ここで切りたくないっていう気持ちもあったし。続けたいなーとか、もっとこんなこともやってみたいって。今までと違う役をいただけてできたっていうのもあったんで。続けてもっとやってみたいな、と思って。

──仮面ライダーを経験して欲が出てきた？

そうですね。もっといろんな人と出会ってみたいな、とも思いましたし。
——そのころは、現場でスタッフに遊んでもらったりした？
ぜんぜんないです。自分からいけなかったんで。
——中学生になっても？
いけなかったですね。それこそ、『仮面ライダーキバ』に出て、またキコから今まで以上の出番をただいたんですけど、馴染めなかった(笑)。ま、現場に毎日いるわけでもなかったっていうのもあるんですけど、ほとんどなじめなかったですね。
——そういう自分を変えたかった？
どうしたらいいんだっていうのは考えましたけど、考えても、なかなか…。あと、「自分なんかが」っていうのがけっこうありますね。たいし現場にもいないし、たいして何かができるわけでもないんで、それで調子に乗ってるなって思われるのもイヤだな、とか。そういうのすごい考えちゃいますね。
——いろんなこと考えるんだね。
考えちゃうね。考えて、考えて、こういう大人のキャストのみなさんがいて、自分がいて、とか。しゃべってるときとかも、休憩の間にみんながしゃべってる中で、「あ、この話題わかる。言いたいな」と思っても、これを自分が言ったら相手はどう思うんだろう？とか考えるともう、その会話は終わっちゃったりとか、そういうのが多かったです。
——なかなか自分を知ってもらえる機会って少ないよね？
そうですね。自分も出せないですし。自分という人間を人前に出せないから、知ってもらうにも時間がかかるし。
——考えて、現場ではどうした？　ゲームしたり？
いや、ゲームもしてないですね。みんなのこと見てました。ずーっと。みんなの様子を見てましたね…うん。
——そういうのって自分の中の蓄積にはなるよね？考えることって。
そうですね。観察して、自分はこうだなって、言いたいけど、言えないからこうなんだよな、とか。勝手に心の中で会話して…悲しいね(笑)、なんか。いや、でも、そんなかな。うん。
——高校に入るときにまた自分の中で選択肢がある。普通科にいくか芸能コースにいくか。
そのときはもう「この仕事やりたい」って。「ずっと続けたい」と思ってて。ま、学校どうする？って話になって。で、続けたいんで、中学は義務教育でしたし、勉強もしなきゃいけないし、ま、大して勉強もしていなかった(笑)。でも、そこを抜けて、じゃあ何がしたいのかっていうので、やっぱこの仕事を続けたいんで、これがやりたいって思ったんで。じゃあ、高校に入るタイミングで「ちゃんと始めよう」と思って。やっぱちゃんとやるには部活もやらずにそっちでやっていこう、じゃあ、それをやるならどういう学校がいいんだろう、って、中2から探し始めて。どこがいいか、とか。中2のときから学校に行って資料もらったりしたりして。まだその来年とかなんですけど、もう行って聞いたりして、「どこがいいんだろうね？」とか話しながら。お母さんとかと探してましたね。
——堀越と日の出と両方を見に行った？
見に行きました。で、あとクラークにも行ったんですけど。クラークはその中でも、演劇やったりして。でも、そうじゃないな〜と思って。日の出か堀越かで考えて、僕、堀越です。どっちも入れるって言われたんですけど。堀越は少人数で、ひとクラスに1年から3年まで入る人数じゃないと入れなくて、で、資料とか全部もっていかないといけないんですよ。こういう作品やってますとか、これからどういうふうにやっていきますとか。実際、学校には活躍してる人がた

くさんいるし、そういうところに行って刺激をもらったほうがいいかなって。「決まらなかったら怖いけど、そういうところに身を置いてやるのもいいんじゃないか？」って話でした。で、入学できて。ドキドキでしたね(笑)。校則も厳しかったですけど、そんなヤンチャしなかったし(笑)、そこに縛られてもストレスを感じないな、と思ったんで。
——ミュージカル『テニスの王子様 2ndシーズン』は高校に入ってからなんだよね？
そうです。高校に入ってから、ありがたいことにすぐ決まったんで、ちょっと安心して。それもオーディションで。
——それまで舞台の経験は？
まったく。友だちとカラオケ行っても、ひとり歌わなかったりとか。ダンスも好きじゃなかったんで。なんでこの短期間で振り付けされて、覚えられずに人前で踊って恥ずかしい思いしなきゃいけないんだ、みたいな感じでやってなかったんです。なので本当に初めて。歌もダンスも舞台の芝居も初めてで入ったんですけど、それはオーディションを受けることで、オーディションを受けるためにどんなくらいだろ？　歌の発声とか教えてもらって、ダンスも教えてもらって。で、とにかく何もできなかったので、特技披露があったので、もう少しでもいいからアピールしなきゃな、と思って。で、アクロバットを教えてもらったんです。テニスなんで、ラケット持ちながら片手回転とか、なんとかマックスとかワザを教えてもらって、めっちゃ練習しましたね。最初、オーディションのときにこれと言った特技がなさすぎて、バスケやったかな。バスケのドリブルをやったら、「それは大丈夫です」と言われて（笑)。で、和太鼓ならできるかな、と思って。「エア一太鼓します」って次のときに言ってみたら、「それも大丈夫です」って言われて。あれは本当に今でも記憶に残ってますね。大丈夫で、は嘘つきます(笑)。
——却下されるの？
そう(笑)。どうしよう、どうしようって言って、そのアクロバットを教えてもらってるんでって。でも、アクロバットできる子か多いんですよ。バク転バク宙、ロンダートとか。そんなのできないなりに頑張った。テニスのときは、「絶対決まる決まる」と思いこんでやってました。

(マネージャー　"絶対いける"ってオーディション対策は中3くらいからやってたかもしれないです)
——オーディションまでの稽古は3か月くらい？
3か月はやったのかな？ん？もっと早くからやってたのかな。
——テニミュのことは知ってた？
ライダーのときやってた方がいらっしゃったんで、そういう作品の存在は知っていて。ずっと気になってはいました。
——あれは役ごとにオーディション？　越前リョーマのオーディション？
キャスティングは最初からだったんで、青学と不動峰のオーディションがあって、どれを受けるか選べるんですけど、僕は「越前リョーマ」だけ。
——舞台は、やってみたかった？
ぜんぜんやってみたかった。舞台は一生やらないだろうなって、昔から思ってて。小さいときに舞台のお話みたいなのはあったんですけど、舞台って各地をまわったりするじゃないですか。親がついてこなきゃいけなくて。それはできないって、やってなかったんですけど。だから、やることもないだろうなって思ってたんで。でも、テニスのお話があって、知ってる作品ですし、まわりにやってた人もいましたし。で、「できるんじゃない？」っていうのもまわりに言われてたんで。「合ってるよ」とか。知らないなりに「合ってるのかな」「いけるのかな」

て。まわりに言われると、なんか。で、やっつう、と思って。そのときはやりたくないとも、「やってみたい」のほうが強くて。だから、オーディションのたびに、こう「キラキラしてみたいな(笑)。自信満々な感じというか、「目 切」に思って、毎回、受けてたんで後々聞くと、「けっこう眠そうだったよね」み 言われちゃって。やるつもりはない。一生 自信満々にいたいんだけどな。やっぱダンかぜんぜんやってなかったんで、その日そのE り付けされるんですけど、ぜんぜん覚えられ すごいまわりを見ながらやってて。悔しくて。1 ごとに土日とかオーディションがあって、次 ときは、まったくできなかったところが、次 は同じ振りなんだけど、ちょっと足されて。 だところはなかなかできないんですけど、前の やったことはなんとか覚えてるな、みたいな。 しかったりして。そういうのは感じてましたね やっぱオーディション、一度に何十人もいる人 で歌ったりとか、もう、しんどかったんです。しん というか、自信はってやるしかない、と思って たけど、バクバクですよね。
——ダンスを初めてやってみて、センスあるとた？
いや、思わないです、思わないです。まったくんぜんっていうか、センスがあるとかないとからなかった。多少のレッスンをしていって、イーこんなのかって思ってて(笑)。小学生のかわりでも踊れなくても適当に踊って、ハハハッてる子とか、笑われてイエーイ、みたいにやっ子がいて、それすごいな、と思ってて。僕はそうのできなかったから。踊れなかったら、「みんごい目で見てるんだろうな」みたいなのをすごえてたんで。
——適当にできなかったんだね。
うん。そこからなんか、悔しいからやってやろっていうよりも逃げてました。だから、ダンスはないだろうな、と思ってましたし、歌もダンスもあまり好きじゃなくて。歌も、ひとりとか家とかとに歌えるは楽しかったんですけど。でも、そうで関わっていくにつれて楽しさを知っていってはやっぱり歌もダンスもやりたいって思うんでこは舞台に出会って、自分が鍛えられてよかったと思います。

(編集　「ちょっと休憩しましょうか。ロイヤルクティ、ココア、ソイラテ、カフェラテ。小越くに何にする？」)
じゃあ、ソイラテで。いただきま〜す。中2でバやってたときに、初めてJUNONで取材ら って、すごい喜んでました、お母さん。すごJUNONきたよ〜って言って。一番後ろのほページでやって。
——私、小越くんに初めて会ったのは「U22」材で。
あれ16とかですね。テニス決まってですもん 主婦と生活社の屋上で撮影したときに、赤い服 きて、「これからきそうな人たち」みたいなで もらったんですよね。

休憩で一時中断したあと、再度インタビューを続

——それまでは落ちることも多かったオーディシンだけど。なぜテニスのときは、受かると思ってたの？　まわりから言われて？
もあったし、高校入って仕事をちゃんとやりた

YUKI OGOE **LONG** INTERVIEW

た、まず、1本目というか。だし、主役とかっかなかないで。そこで何なんですかね。

——受かった報告はどんなふうに聞いたの？

も変な感じで。最初の報告は、ぜんぜん事務所なくて。事務所からも言われなくて、「言っちゃダよ」って。最終、リョーマに残ったのが2。1人が大阪から来てる子で、「こっち来て友だいないから友だちになって」「ああ、はい…」みな感じで連絡先を交換して、「あ、そっかー、落ちたって連絡がきた」ってある日、連絡がき「ってことは俺しかいなくない？」って。「え？受かったの？」って。でも、事務所からは何もれてないし。え？わかんない…。喜んでいるの喜んじゃいけないのか、わかんない、わかんないみたいな気持ちで。フライングされて。でも、も信じられないから「え？ん？ん？」みたいな瞬間にお母さんから「ねー、ちょっと今、もうひ落ちたって連絡きたんだけど、どういうこと？」いな。でも、事務所からは何も言われずに、隠れてて。知ってたんでしったけ？

ネージャー 「いろいろ言ってはいけない条件が。ろいろなことがクリアになるまでは確実に決まっ言えない状況。それが長いんですよ」）

——小越くんはずっと悶々としてた？

うです。「どうなってんの？どうなってんの？」って。言われたんですけど、言われたときも、素こ喜べない言われ方で。「決まったんだけど、言えらない」って。まだわからないって何なの？でも、この日にビジュアルの撮影がありますっ言われて。「はい？　決まったのがわからないのにジュアルの撮影があるってどういう？ん？ん？」ずっとそのままビジュアルの撮影になっていっ実感わかないままメークして衣装着て、「わー、分が見てたやつだ、越前リョーマになってる！」でホントに「あ」みたいな。ぜんぜん「わー、やった～」う感じの決まり方ではなかったです。

——シャイで小越くんは、主役で真ん中でチームを張っていくことに苦労したんじゃ？

も、最初はそれどころじゃなかったです。そんなことてないです。とにかく真ん中で、出番もある。必死にやんなきゃってことしかなかった。誰がもやらなきゃって、ホントに毎日必死で。ダンスやったこともなければ、歌もやったこともなかったです。芝居もそうだし。テニスなんてラリーもあるし、えることもやることも多いし。で、1回目もたくん出番をいただいたんで、学校行って早退して稽して、帰りながらも動画とか見てて。家でもた画見て寝落ちしたりして。何回もがくん、がくんで何度もなりながら動画見て。朝も支度して動画見がら学校行って、学校行って早退してって、ホンそういう毎日。

——必死だね。

、途中でそれやってたんですけど、振りとかも初てだったんで、まったく覚えられなくて、ぜん入ってこないって思って。必死でした。毎日。

——まわりにできる人がいるとプレッシャーになっりするの？

んなことも見えてなかったです。まわりはもう、わりよりも自分。自分がとにかく舞台に立てる状を作らないとどうしようもない、と思って。

——決まってから本番まで稽古はどれぐらい？

んくらいあったんですっけ。11月にお披露目だったんでしたっけ。最初、お披露目しますっていうで、2曲しかないのに、1～2か月稽古して、ていたのダンススクールに「ここに行ってくだい」って言われて、「はじめまして」の人ばっなのにそこに一緒に行ったんです。それも、踊れいから、入門コースに行ったんです。忘れもしいですよ。入門コースでちょっと安心してたのに、

「踊れる人はもうちょっと上でもいいですよ」って。「じゃあ、入門で」って行ったのに、まず女性ばっか。「しんど」と思ったら、みんなぜんぜん踊れるんですよ。「え？どこが入門なの？」って。「ふざけんなよ」と思って。ものすごい気まずい時間を過ごすわけですよ、女性ばかりが。超やりづらくて、「あ、やっぱダンス嫌いだわ」ってその瞬間思いながら（笑）「こういう空気感ホント苦手だな」って思って。そういうところから始まって。

——舞台の振りとはべつにダンスの入門コースで基本的なダンスをやってこいって言われたんだ？

はい。基本もくそもって感じで（笑）。ひとりだったり、行けるときは行ってたんですけど、ひとりのときもあって。しんどいな～って。

——本番の幕が開くまではハラハラしてた？

ハラハラです。1番最初のお披露目のときは、最初に映像が流れて、袖からばーっと出てくるんですけど、出るまで緊張しすぎて「ヤバい、声でない」と思って出てって、ほかの人が最初だったんで、ほかの人の声を聴いたあたりでちょっとホッとして歌えたんですけど。今でも、それ見るのは恥ずかしいですけどね。「うわ、一生懸命やってるけど、へったくそだな」と思って。ドキドキでした。

——だんだん自分に余裕が出てきたのは？

だんだんですね。2回目になったら、またその現場でのやることはわかってきたし。まわりも少しずつ見えてきて。だんだんに、だんだんに、ですかね。

——すごく怒られたことは？

怒られはしなかったです。ただ、ずっとやっているとプレッシャーがすごくて。振り付けとか1回、2回して、「はい、もう覚えたでしょ？」って。「いや、覚えてない、覚えてない」って思うし。お芝居もそうでも、見せ方とか少しずつ最初に上手くなってきても、覚えられはしないんですよ。だから自分は稽古やったり、何回も反復して覚えるんですよ。その瞬間に覚えたかったって言われて、いたってなると、いや、きついきついってなりますね。今でもやっぱりダンスを覚えるのは苦手ですし。ただ、その瞬間で覚えるのは苦手ですけど、舞台は稽古があるので。稽古があるし、自分で作っていけばいいから。そこでも必死にやってますけどね。

——舞台というのが、コツコツ積んでいくものが向いてたんだね？

そうかもです。できないでやるしかないし。できたと思ったことも一度もないので、それはもちろん、その瞬間、瞬間にできる精一杯をやってますけど。それが完璧でやっているわけじゃないから。自分に足りないものがまだまだたくさんあるんで。毎回毎回、挑戦しながら努力してできるようになったり、さらにうまくなったりとかっていうふうに、やってますね。うん。

——自分が注目されて人気が上がってるなって感じる瞬間とかあった？

ないです。まったくなくて。思えないです。自分がネガティブって、そういうのもありますけど。でも、作品の力であったり、キャラクターの力であったり、みんなの力というか。全員で作り上げたものだから、お客さんも入ってくれたりとか、それこそ、テニス始めて一番最初のころとかは、ぜんぜんお客さん入らなかったので。僕らがまた一からやりますってなったときは、もう客席半分入ってなかったり。

——そういうのってどんな気持ち？

悔しいです。悔しかったですね。うん、悔しさと、もっと頑張らなきゃな、とか、ありましたね。見てくれ、と思いながら必死でみんなやってましたね。

——お客さんが満席になったのはどれぐらい？

どれぐらいですかね。徐々に増えていってって感じですかね。

——そういうのって口コミ？

口コミとか…どうなんですかね。「この学校が出た

から」っていうのもあるし、キャラクターもあるし、それで見に来て、また広がってったりとか。あ、面白いじゃんってなっていったりとか、そういうのもありますね。

——こんなに続いて、4年もやるとは思ってなかった？

4年もやるとは思ってませんでした。最初、2年やるって決まって、そこで全部やるって言われて、途中でムリだろってなって。で、延ばしてやるっていうのお話をいただいて、やらせていただいて。でも、そこでまた後半の2年ちょっとも、やっぱり自分の中ではすごく進化したなって思いますね。そこでやめてたら今の自分もないですし。ぜんぜん違ったと思う。

——途中でやめる選択もあった？

僕もやりたかったんですよ。で、入る前に、前回の方がやっていた一番最後の公演を見たんですけど、そのときのリョーマがめっちゃカッコ良くて、「これをやりたい」ってずっと思ってたんで、続けさせてもらえるならと、やりたいな、と思いました。そこがすごくやりたかったので。

——みんながキャーッて言ってくれるのは作品であり、キャラクターであり、自分ではないと思う？

はい、自分はまったく思わないんですよ。演じてるのは自分ですけど、自分じゃない人がやってもたぶんそうなると思うので。でも、そこよりも僕は、自分がやる、マネじゃなくて、自分、小越勇輝という役者がどういうふうに演じるか、どういうような形になれるのを見せる。届けて、それを素敵だとか、面白いなって思ってもらえたらいいなって。それがキャラクターにもプラスになったらいいと思うし、自分にもプラスになったらいいな、と思ってやってました。

——ひとつの役をこれだけ長くやるのはなかなかない経験だよね。

ないですね。

——しかも思春期の大事な時期をささげて、やりたいと思って自分で進化できたのはいい経験、大事な経験だった？

うん、そうですね。やっぱりまったく舞台とかわかんなかったところから……まだまだ足りないところがたくさんありますけど、それこそ土台をたくさん作らせてもらったというか。そうやって経験を積ませてもらったのが自分の中ですごく大きかったので。すごく感謝してます。

——そのあとにやった『サイケデリック・ペイン』がまた苦しかったんだよね？

そうですね。プレッシャーもありますし、テニス終わってすぐの舞台を主演でやらせていただいて。初めての感じだったし、まわりの見てくださってた方々の目も、「リョーマじゃないか」「どうなんだろう」っていうのがあって。ただ、まずビジュアルからぜんぜん違ったっていうのが強みだったし、そこからどう見せていこうかというのは考えてたんですけど。絶対クセはついているだろうなって思いながらも、いってもそこまでかな、と思ったら、やっぱりそこでぜんぜん違ったんで。ボロボロにされた。たとえば、オープニングの一番最初の芝居とか、ひとりでしゃべってるところとか、目の前にそれまでミュージカルやった人とか、スタッフさん、演出家さん、キャストのみなさんがいる中で、何時間も同じシーンをやらされて。「それ違う」とか言われて、きついなーって。しゃべって、そんなつもりなくても「なんでカッコつけてんだよ」とか「正面芝居すんな」とか。そのなんだろ…自分ができないから、ほかの人にその役をやらせて、その役をやる人を見てみんなが笑ってるんです。それが自分で見てて、悔しいな、と思って。「じゃあ、やってみろ」って言われて、違うことをやろうと思ったら、「マネすんなよ」って言われたりとか。「できないんだから、マネ

しろよ」って言われて。すっげー悔しいし、なんだろ…。ずっと考えて、台本とかも真っ黒になってましたし。ひとりで家に帰るときに、大通りとか「ここ飛び出たら死ねるな」とか…。
——そんなに追いつめられてたの？
うん…とか、煙草吸うシーンとかあったんで、ネオシーダー、薬局とかに売ってる、使ってる。使い方もわかんないから、公園の中で真っ暗な中、ボーッとしながら吸ってて。「やっぱ向いてないな、やめようかな」ってそこで思って。でも、やめたところでやることないというか。「これしかないな」と思ったし。いろいろ悔しかったけど、演出家さんがわりとそういうふうに、強く言ってくれたのが、イヤな言い方じゃなくて。すごく芝居に熱くて愛があるので、嫌いじゃなくて、むしろ好きで。そこに応えられない自分をすごく悔しくて。「絶対ヤじゃ」って思いながらずっとやってて。で、そのタイミング、タイミングでメールをくださって。「おまえなら大丈夫」「俺を信じろ」「おまえを信じろ」って言っていただいて。すごいありがたくて。でも、うれしいんだけど、それに応えられない自分が悔しいと思いながらやってて。で、ある日その稽古の始まる前、僕、いっつも一番に入ってやってるんですけど。そのときに演出家の方が来て話してくれたんですよ。「自分の経験とかいろいろ話してくれたんですよ。で、そのうちずっとやっていれば、楽しいと思える瞬間がくるから、そこからまた伸びるから」って言われて、その日、それを胸にやってたら、なんかパッと抜けた瞬間があって…。楽しい、と思って。それでその日に、「な？」って言われて。すごいな、と思った。で、そこからはどんどんどんどん…ですね。
——演出家というのは、一回、今までのものを壊して、落として、そこから構築するのも演出の一環のかな。
なんですかね。なんだろう。苦しかったですね。でも、すごくいい経験だったと思います。
——そこまでしごかれたのって初めて？
初めてです。
——抜けたときは変わったの？
変わりました。やっぱできないこととかも、もちろんまだまだあったんですけど、でも、根本が変わったというか。いつも「苦しい、苦しい」「稽古場行きたくない」ってずっと言ってましたもん、家で。でも、そういうなくなって。
——やっぱりあきらめちゃダメだね。
うん、そうですね。「あいつはめずらしい」って言ってくれてるみたいで。それこそ取材でその演出家さんがしゃべってるものに、僕の話を出してくれてて。「あいつは役者バカなんですよ」ってコメントがあって。「あぁ、なんかすごいありがたい言葉だな」と思って。「あいつからそれをとったら何も残らなくなるんじゃないか」ぐらいに言われて（笑）。あ、でも確かにそうだなって。「やっぱ大事にしていかなきゃ、この仕事って」って思いましたね。
——もう次の『東京喰種』からは楽しくなったの？
楽しくなりました。
——それを境に次の作品に入っていくときには自信を持って、のぞむことができた？
次も同じ演出家さんだったんですよ。で、本読みで、「おまえまた、ちょっと戻ってる部分がところどころあるぞ」って言われて。「はい」って。やり始めて、もちろん前回よりできることは増えてました。でもやっぱ難しかったですね。本番でも、毎日苦しみながらやってましたね。本番中でも、すごく苦しみでしたね、これは。役に入ってて、食べ物が食べれなかったりとか。
——普通の食べ物が食べられない感覚になっちゃうの？
なってましたね。食べれなくて、食べれなくて。朝とか、メークルームに入ってメークしていただくんですけど、始まってもいないのに、もう戻しそうで。

「戻さない方法」とか調べたりとかしてましたね。舞台上でも、何回も毎日戻しそうになりました。
——そんなにいつも役に入っちゃうの？
入りがちですね。
——『サイケデリック・ペイン』以降、そうなっていったの？
『サイケデリック・ペイン』も入ってました。この間、そのときと同じメークさんに仕事で会って、「あれ？こんなキャラだった？」みたいに言われて。「あのとき怖くて話しかけられなかった」みたいな。ずっと叫んでたんですよ。そういう役じゃないですか。ロッカーだったんで、ずっともう叫びまくってて。なんか怖かったみたいですね（笑）。たぶん、入っちゃうでしょうね。
——芝居の最中はずっと役のことばっかり考えちゃうの？ 動画見たり、台本見たり。
そうですね。稽古中はそうですし。本番中も劇場入ったらずっとそうですね。
——台本が真っ黒って言ったけど、書き込み？
はい、そうですね。演出家さんが言ったことも、自分が思ったことも全部。
——その台本ってあとでみると辛くならない？
でも、好きな言葉があって、その人が言ったんですけど、「台本はお守りだ」っていうか。だから、手放さないというか、ずっと持って行くし。で、本番中もひとりで「まだ何かできるんじゃないか」って、その自分が劇場とか稽古場とかいろいろやることをやってるうちのルーティンのひとつに、台本をもう1回読み直して、何かあるんじゃないかとか、ひとりで舞台上で稽古したりしますね。
——舞台というものの芝居にどんどん惹かれていったというか、面白みを見出していった？
うん、すごい面白いな、と思って。それまでは、テニスのときとかはやっぱ「決まったことをちゃんとやらなきゃ」「台本にあることをちゃんとやらなきゃ」っていうのが一生懸命になってたんですけど。そのときはそのときで素敵だし。でも、初めて違う役をやって、舞台でまたこう、原作ものじゃない、アニメやマンガじゃないものをやらせてもらったときに本当に生な感じというか、人との掛け合いだったり、べつに台本にないものであっても、もちろん演出家さんによっては「きっちりやってくれ」って言う人もいるかもしれないんですけど、基本その場で生まれることを自由にやるというか。セリフはあっても、でも、相手があって、「はい」って言いたくなったら言うかもしれないし、とか。その日によっても芝居が変わってきて、毎日一緒ですけど、違ったりとか。そういう瞬間、瞬間で止まらずずっと何かか動いてるっていうのが舞台の面白さだなっていうのはすごく感じて、お芝居って楽しいなって思いました。
——『弱虫ペダル』という人気作をやって、また自分の中で変わったことは？ これも舞台では全速力だよね？
そうですね。『サイケデリック・ペイン』をやって、また『東京喰種』っていう原作もの、マンガがあるものをやったときに、演出家さんが一緒だったので、ただの2.5じゃなくて、ちゃんとお芝居というか、演劇でありるような作品にしたいってやってて、それを目指してやってて。だから、お客さんに評価されるか、届くかわからないけど、やってたんですけど。喰種はすごくお客さんに届いたんだなって初日に感じて。今までにないくらい、今までにたくさん拍手をいただきましたけど、そんな今までにないくらいの拍手をいただいたっていうか、本当に届いたんだっていうのを実感できた舞台で。で、すごくだから、『東京喰種』もすごく大きな作品で。その感動を今でもすごく忘れないんですけど。
——涙がこみあげた？ どんなふうに？
なんだろう…。感動でした。「本当に届いてこういうことなんだな」というか。ウソがない拍手うとおかしいですけど、形がないものというか当に届いてわきあがった拍手なんだって思いね。最終日はスタンディングオベーションもいただいて。再演とかじゃなくて、初めての作品れだけ伝えられたっていうことですごく大きいと、そこがすごくうれしかった。そんな作品を踏んだ『弱虫ペダル』で原作ものだったので、「自できることは何なんだろう」っていうのがって。なぞるんじゃなくて、自分がやる作品であり、稽古があるから、稽古でいっぱい失敗したりいろんな挑戦をしながらやりたいな、と思ってましたね。でも、やっぱりもともとやっていた形があって、そう、やっぱりもともとなかった…。あ、見せ方があるんだとか、こういうふうにやるんだって思って。「とにかくついていかなきゃ」ってことがもうすごく難しかったので、練習しましたね。
——もうすでにある中に入っていくのは難しい前に主演した人とは違う小野田坂道をやりたいと思っただろうし。
そうですね。あんまりプレッシャーを負いす自分なりにやろうと思ってやりました。
——舞台を重ねても？
プレッシャーと緊張は毎回ですね。
——このころになってくると、オーディションなくオファーがくるようになった。
そうですね。ありがたいことにお話をいただけ
——それは役に向いてたり、面白さを見出したり才能が開花していって期待されるようになったことだよね。
どうなんですかね（笑）。わっかんないですけど話してただけるのは自信になりますし、だからこそ、今もらえるうちにしっかり頑張らなきゃとますし。さっきから言ってますけど、当たりないんで。毎回、毎回、成長し続けなきゃと思期待を受け取っちゃいけないも思ってて。たくさん人に何か与えていかなきゃっていうのがプレッシャーであったり、不安であったり。どこまでんだろうとか、今終わってもおかしくないなってやってますね。
——今終わってもっていうのは？
仕事が途絶えてもおかしくないなって思って。見ながらも、先を見ながら今のことをしっかりいつまでも初心を忘れずにというか、真摯に向き合っていきたいって思ってます。
——今、来る役に真摯に向き合うと同時に、自ら取りたい役はある？
たくさんありますね。舞台でいったら、それに好きになったし、もっとうまくなりたいな、とてるし。帝劇とか立ってみたいなっていう願望りますし。ミュージカルにも出てみたいです。それと『モーツァルト！』とか好きなんで。
——いわゆる、ザ・ミュージカルのほうなんだねそうです。やりたいな〜、いいな〜、で、来年が決まってらやっしいな〜って思いながら（笑——かつてはあんなに人前で歌いたくなかったの歌がかなり好きになってるんだね？
うん、すごく好きになってますね。ぜんぜんへくそですけどね。もちろん、うまくなきゃダメだしうまくなんなきゃって思ってますし、単純にうというよりは歌で何か表現して伝える。そこのみたいなのはすごく好きですね。芝居と一緒表現、急に歌いだしました、とかじゃなくて、歌の中で気持ちをこめて伝えるとか、そういう好きなので。そういうのをやってみたいな、とい。ストレートに舞台やってみたい、とも思うそれこそ映像ももっともっと、やっていきたていただけたら。こう、そこでの表現というまた違うステージ。またイチからやりたいな、も思うし。舞台は今は、ありがたいことにお話

YUKI OGOE **LONG** INTERVIEW

たりしますけど、映像はまたぜんぜん違います
何なら世界がすごく広がるし、僕のことを知ってる
人なんてぜんぜんいないと思うんですけど、
その中で挑戦していきたいな、とも思いますし。
てみたい役はたくさんありますね。真っ黒い役
やってみたいですし。

──真っ黒い役って？
鬼とか。だし、似合いそうって言われるんです

──確かに。なんで似合いそうなんだろうね？（笑）
なに黒く見えるのかな？ 闇が深いのかな？（笑）
それは、子どものころからまわりを見て内向し
部分につながる気がするね。

──映像はもう1回ゼロからという感覚？
ゼロからという感覚。

──今、ドラマで『弱虫ペダル』をやってるけど、
も今、積み上げ始めてるって感じ？
ですね。でも、あれはあれで特殊なんで。

──役柄も同じような延長でもあるものね。
、普通っていうか…あれはもうやってるし。もちろん
映像だからイチからできるし、それをどう作って
こうかっていうのは考えるんですけど、でも、
じゃない、自分で読み解いていかなきゃいけ
役者として、どういうふうな表現をするのかっ
いうのを考えたときに、すごくイチからですね。
ぜんぜん違うってことかな。

──表現の仕方、映像の見せ方は違うと感じる？
ますね。舞台は始まったら止まらないし、気持
流れがそのまま同じようにいくのであればすけど
振り順な違いです。やっぱつながりを
解してないと、すごく難しいな、と思います。瞬
力というか、その瞬間、瞬間の芝居、一回決めちゃっ
ら、それから変えられないですし、芝居で。だから、
ごく難しいと思いますけど。だから、舞台は
経験したので、台本を全部見てから、そこから
表現しようかなって。あ、こういうやり方もあ
、こういうのもあるだろうなっていうのを考え
最終的にどう持っていくか。ドライとか1人で
手とやって、「あ、そうくるんだ」っていうので固
ていたりとかしますね。

──映像はオファーでしょうけど、またオーディ
ションを受けていくという感じ？
うですね。そうなりますね。

──また自分をどうアピールしていくかから始まる
だね。
しい。緊張、緊張、ドキドキですよ。

──オーディションって今でも緊張するの？
ますよ、めちゃくちゃしますよ。つねにします。
の心配性なんで、めちゃくちゃドキドキします。

──舞台『ドラえもん』はどうでしたか？
初、プレッシャーでしたよね。誰もが知ってるんで。
うしたもんかと思って。どうやるのがいいんだろ
とかって考えましたけど。入り口が小学生だった
から入って。小学生か、と思って稽古を始めたと
すけど。演出家さんから、「それは小3だよ」って
6年間で大きいから」って言われて。子どもすぎ
いとこで、っていうその微妙な感じも難しかっ
ですし。なんか、手振り身振りつけたくなっちゃ
ですし、それが大人っぽく見えてしまったりとか。そ
いう細かいところもすごく難しかったですし。ど
終的に愛されキャラ。普通の子だけど、誰もが共
できる、キャラでいればいいって言われて。それ
それで難しくて、じゃあ、どうしたらいいんだ？っ
（笑）。でも、作りつつそれでも難しかったんです
、ずっと演出家さんと考えたり、話したりして
中で、なんかかわいらしいとか、っていう方向で
たらいいんじゃない？っていうことからまた

作ってみたりしましたね。あとはドラえもんとの会
話がすごく難しかったです。稽古場から。もう決まっ
てるし、何を言っても同じ返事だし、動きも限られ
ちゃうんで。こう動いたらこう動かなきゃとか、そ
れじゃ間に合わないとか。じゃあ、ドラえもんをどう見せるかで
みんなで相談しながら作ってましたね。

──本格ミュージカルも映像もやりたくなった、23
歳になった？ かわいらしい部分と闇がありそうと
言われるナイーブさもあり、役者として自分をど
う見せていきたいと考えてる？ 20代は？
そうですね。固めないでいきたいですね。本当
の自分が自分で為、どれが本当の自分かわからない
んですけど、かわいいって言ってもらえるのはあり
がたかったりとか、そう言ってもらえるのも今しか
ないかもしれないし、それも大事だと思う し、歳
を重ねていくごとにカッコいいとか、男らしかったり、
セクシーさがっていう言葉もいただいたりもするの
で、自分の中で見た目から何か人に伝えられるものの
っていうのが増えてきたりはするんですけど。
もっとそういう、それはいろんな作品をやらないと
見せられないと思うんですけど。なかなか、人前に
立たないと。でも、自分はこうですっていうよりも、
いろんなことに染まって。自分が例えば、「あぁ、今回
こんな感じなんだ」とかって楽しんでもらえるよ
う、役者でいたいな～と思いますね。うん。

──今、悔しいと思うことは？
悔しいな、と思うことはいっぱいありますけど…な
んだろうな。ま、単純に「もっと自分がこうできた
らな」とか、「こういう表現できたらな」とか、「もっ
とうまかったらな」っていう思うことはいっぱいあるので。
それができるように自分で考えたりしますけど、
そこに対する悔しさもあります。うーん…、なん
だろう…。なんですかね…こう、なんて表現したら
いいだろう…。まわりの…まだまだ自分にも挑戦し
て、いろんな役をして、いろんな経験をしてだと
思うんですけど、まわりの期待だとか、まわりが思っ
てる以上に、自分の中では納得いってないというか。
まだまだな、と思ってるし。そこを評価されるの
が…なんかやっぱ…うーん…なんだろ。もっとも
っと踏ん張らなきゃな、というか。もっと…満足せず
に…ずっとずっと自分らしくやっていかなきゃな、
というか。やっていきたいっていうか。

──「よかったよ」って言われても、「自分はもっと
できるのに」というのが悔しいってこと？
うーん…。そういうんじゃなくて…。

──期待されてることに対して？
期待されてたりとか、たとえば「人気だよね」って
言われたときの自分が思ってることと合わない悔し
さ。たくさんの人の見え方、人、人が思ってるのと
では、そうじゃないから悔しいというか…ってこと。

──自分の評価がけっこう低いんだね？
そういう悔しさはあったりしますかね。

──人気にそう実力をもっとつけていきたい？
実力もそうですし。

──役者としてうれしい、やった！と思える瞬間は？
人に届いたときですかね。やってるときもちろん
楽しいですし、一生懸命やってるし、でもそれが、
見てくださる人とかに届かないと意味がないので。
それがやっぱり形になって、それを最初に自分が見
たときももちろんうれしいですし、それを見ていた
だいて、いろんな声をいただいたり。もちろんいろん
な人がいるので、良かった、悪かった、どっちの意
見でも、届いたことがまずうれしいって思いますね。

──それは拍手だったり。
拍手だったり、よかったという評判だったり、コメ
ントだったり。

──さっきの悔しいって話、私が理解してないなっ
て感じた？ うまく伝えきれなかったなって？

…う～ん…。合ってるんですけど、なんかね。もう
ちょっと違うところで伝えたいんですけど、伝え方
が難しいんですよね。どう表現したらいいのかわか
んなくて。

──人気があって期待されてるのはうれしいんだよ
ね？
うれしいです。うれしいんですけど、でも、そう
じゃないような気もしたりする。そういうというか、人気がある、お客さん、ファンがたくさん
いるとか、芝居ができるとか、やっぱいろんなふう
に言われる、言っていだけるのはすごくうれしい
ですけど。そんなことないのにって思うから。
なのにやっぱいろんなことを言っていただけるか
ら、うれしさと、そこに逆に悔しさが倍以上生ま
れて、「もっとやってやんなきゃ」「もっと頑張らな
きゃ」とかって思うことですかね。

──表に出てる自分と実像の自分にギャップがあ
る？
ギャップはすごいっすね。ギャップというか、出て
るときは稽古中はぜんぜん自信がないし、「あぁ、い
やだな～」って思いながら（笑）。でも、楽しくや
るんですけど。舞台上に立っちゃうと、そんなの関
係なしに稽古もやってるし、すごくその役に入って、
何もそこ、その場に生きれているんですけど、
だからホント仕事っていうか、舞台上であったり、カ
メラ前であったり、いるときの自分と普段の自分の
ギャップはけっこうすごいかもしれない。でも、
それでいいと思うし。それが自分だな、とも思うし。
だから、ま、頑張ってこれたんだろうな、とも思うし。

──普段の自分はこれでいいんだよね？
普段の自分はこれでぜんぜんいいんですけど（笑）、
でも、同じ人間だから、たとえば別だとしても、そっ
ちが人気あるって言われても、「人気はないです」と
思っちゃうしっていうか、実際思ってるから「はい」
とはきっちり言えないです。

──街中で握手してくださいって言われたら？
ありがたいな、と思いますよ。知ってくれているんだ
なって思いますし、それは単純にうれしいです。やっ
ぱそういうSNSとか、いったらもうフォロワーと
かいる人っていうのはいいんですけど、それでも日本の
1億人の中で、何万人フォローされたら、何万人
の人が少しでも知ってるんだ、顔だけでもわかるん
だって思うと、すごいな、と思います。思いますけ
どね（笑）。それはでも、また人気とはべつの話なんで、
お芝居が素敵だなって思ってもらえるように頑張り
たい。自分を役者として磨いていきたいです。

（終わって雑談で）
──ダウンタウンの番組はどうでした？
すごい緊張しましたよ。めちゃくちゃ緊張しました。

──役でもないしね。
うん。まわりの人も知ってる人ばっかりで。すごい
気をつかっていただいて、ゲストの方とか。裏でイ
スとかあるんですけど、松本さんとか浜田さんとか
奥に座ってて、みんな座ってるんですけど。「座りなよ」って、「座って大丈夫だよ」って言わ
れるんですけど、恐れ多くて座れなかったです。ずっ
と立ってました。で、はじっこにずっと立って。あ
あもう…。恐ろしかったです（笑）。すごくいい経験
でしたけど。恐ろしかないか。

──そのなかで自分の話をするんだもんね。
とにかくしゃべんなきゃ、とにかく出てくるもの
出さなきゃいけないから、誰にもつっこませるスキ
を与えずに、わーってしゃべった記憶しかないです
ね（笑）。あとは横の中村玉緒さんがすごく優しさ
のかたまりみたいな感じで。それこそ安心して、お
ばあちゃんといるみたいな感覚でした。「そうですね
～」って（笑）。いい経験でした。もうすごかったで
すね。中村玉緒さんとテリー伊藤さんにはさまれて、
で、どうしたらいいんだろう？みたいな。

photographed at KYOBASHI/TOKYO

on August 28, 2017

on September 17, 2017

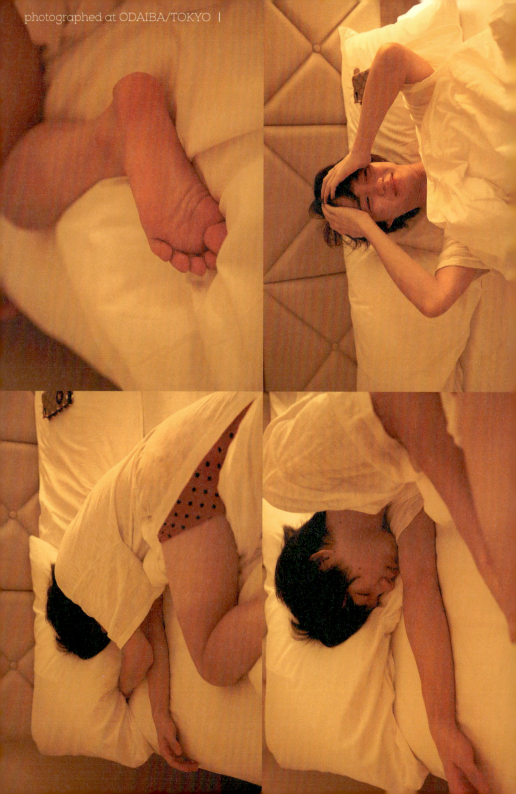

| on September 18, 2017

photographed at Tokyo Prince Hotel

interviewed at SHUFU TO SEIKATSU SHA/TOKYO on October 30, 2017

──10月26日に開催された、"世界に見せたい日本のドラマを選出する"『東京ドラマアウォード2017』で、『弱虫ペダル』が衛星・配信ドラマ部門で作品賞を受賞の快挙！　おめでとう！　授賞式に小越くんが代表で登壇した姿が、とても素敵だったけれど、あの華々しい席で緊張した？

いや、緊張はしなかったです。何が一番緊張したかといったら、みんながスーツとかでキメてる中、衣装で出ることにひとり不安でした。そこだけですね。すごく異質ですし、何やってるんだろうって感じですけど、なんか爪痕残せたんじゃないかなっていうか。人がやってないことをやってしまった自分が、ま、ありなのかな、というか（笑）。それこそ、その日とか次の日とかニュースでやってみたいなんですけど、僕のことなんて知ってる人なんてほとんどいない中、あの衣装だからこそ、ひとりで目立っててて。一瞬でも、チラッと映っただけで、あ、いたってわかるぐらいの感じだったので。結果、やっぱそこは良かったな、と思います（笑）。

──コメントも立派に言ってたね。

ホントですか。どうなんですかね。どんなこと言おうかなっていうのは何となく考えてました!?　結局、考えたことを言ったっていうそんなことでもないですけど。でも、そのときは思ったこととか、伝えたいことは伝えたんですけど、帰ってから「あれ？　これちゃんと話せてたかな」って不安になりました。あの受賞したものが作品なんで、「この作品でとれてうれしい」ってことをちゃんと伝えられてたかなっていうのは、ちょっと考えました。それが伝わってたらいいな、と思いました。

──あの豪華な面々で登壇してるときに何か会話はあった？

裏で、堺雅人さんに挨拶させていただいて。スカパーのCMで堺さんが宣伝してくださってるので、あの、弱虫ペダル』って言ってくださって。そのペダルの監督さんが、『半沢直樹』とか撮った方なんで、それで挨拶させてもらって。で、そんな会話もあったんで、舞台上でみんなでフォトセッションしたときに、堺さんが隣にいらして「寒くない？」って言ってくださって。僕ひとりだけ半袖だったので、「ぜんぜん大丈夫ですよ。すみません、こんな格好で」って言ったら、星野源さんが「いや、カッコいいよ」って言ってくださって。そんなちょっとした会話はさせてもらいました。

──少しさかのぼって、まず受賞したと聞いたときは？

驚きですね。僕、撮影中の現場で最初に聞いて。でも、まだ解禁できないから、その受賞があるまでは言わないでってて言われてたので、実感もわからなくて、自分が関わった作品で賞をいただけるってなかなかあることじゃないというか。どの作品も素敵ですけど、そういう作品に巡り合えることって簡単じゃないと思うので、すごくうれしくて。でも、近々に迫ってきたときに、登壇するっていうのを聞いて、すごい貴重な経験だなって。実感はほんとにわかなかったです。その場に立って、トロフィーもらったときに、「うわ、トロフィーだ」って。その場ですね。

──ドラマの現場で言われたときにみんなの反応は？

沸きました。すごく喜んでくれましたけど、なんせ実感がわかないんですよ。華々しく「わーっ、受賞しました」っていうのじゃなかったんで。休憩の合間にみんな集まってください」っていうので発表だったので、驚きとうれしさもありましたけど、発表がすぐ先だったから、取り消されるんじゃないか、とか。いろいろ考えました（笑）。

──舞台からドラマまで2年間演じた、小野田坂道は愛着がある役？

そうですね。そんなに同じ役をずっとできることもなかなかないから、貴重な経験でした…。恵まれてるし、そういう作品で記録を作っていってるのがすごいなって思いますね。テニスにしても、公演数が長いとか、ペダルでもこうやって賞をいただくとか。やっぱり特別なものになっていきますよね。

──映像での見せ方はどう組み立てていったの？

監督と話したりとか。自分で考えたりとか、そのほうが多かったですね。ほかのキャストとどう演じるかっていうのは話さないです。だから、ドライとテスト、本番で相手がどうやってくるんだろうっていう中でやっていきましたね。普通に会話してるところだったら自然に話すし。自転車に乗ってると風があって自然に声も大きくするしとか。相手がどうくるかな、そしたら、どう返そうかなってやってました。

──今後はより映像をやりたいと思ってる中で、何か感じるものはあった？

そうですね。すごく自然だな、というか。ちょっとした表現でも届けることができる。目とかちょっと振り向くだけとかでも、表現できるのは強いな、と思うし。そこの自然さは面白いです。あとはその瞬間、瞬間でその人とやりとりできるのがすごく面白い。舞台とはまた、ぜんぜん表現の仕方というか芝居の仕方が違うな、とは思いましたね。

──そういう些細なものを表現するのは向いてる気がするね。

どうなんですかね。自分で向いてるかどうかわからないですけど、表現の幅というか、また新しい一歩を踏み出した感じはありますね。

──ドラマで演じる上で工夫したところは？

シーズン1は自転車ももちろん乗ってましたけど、人と普通にしゃべってることが多かったんで、学校のシーンとかもあった。そういうところは大事にしました。最初の坂道は、友だちがいなかったりして、オタク気質を出したいな、面白くしたいな、と思って。目の動きとか、どこでめがねをいじるのか、どういうふうにいじるのかとか。あとは運動が苦手だから、ちょっとあったサッカーのシーンとか、どうボール蹴ってやろうかな、とかそういう動きが普通じゃない感じっていうのは、ところどころ出していったりとか。あとは、笑顔は大事でしたね。楽しかったり、うれしかったり、きつかったり。素直な子なので、そういうストレートな表現は出すようにしてました。

──授賞式前に写真を撮らせてもらったときに、小越くん、すごくいい顔してたね。

自然と出た表情ですね。単純にうれしかったっていうのはありますね。だって、初主演ドラマの初主演で、ああいう賞をもらえたっていうのは、幸せなことですよね。この先、ないかもしれないし、それがあるように頑張るんですけど、もちろん。でも、みんながみんな大変だったんで、スタッフさんとかもどうやって実写できるんだとかも考えて考えて、これならできるってなって、寝る時間も少なく撮影したわけだし、みんなの苦労がカタチになってよかったですね。だから、シーズン1がこうやって賞をいただいて、シーズン2ももちろんすごく大変で、インターハイでずっと走りっぱなしのところだったんで。これをきっかけにもっとたくさんの人に知ってもらって、シーズン2も盛り上がって、また来年とかこういう賞をいただけたらありがたいですし。それはどうかわからないですけど、すごく幸せでした。やっぱいろんな人から連絡もきましたし。「ニュース見たよ」とか。ネットニュースとかにもしてもらってたんで。それで「おめでとう」って言ってくれる人もいるし、うれしいことだなって思いました。

──家族は？

なんて言ってたかな。「おめでとう」って。「もっと頑張らないとね」って言ってました。

──今まで賞をもらったことはある？

えーっ、小学校ではサッカーやってて、そのサッカーでボールタッチであって、左右ついていくやつの回数が一番早くて、メダルとかもらって。何回ももらいました。あとは、中学は裁縫とかで賞もらいました。何作ったんだっけ。巾着だったかな。それで賞をもらって、そのときはミシンでしたね。家庭科好きだったんですよ。裁縫とか料理だとか。高校は、入ってすぐにぐみんなで修学旅行じゃないけど、交流する旅行があって、そこでなぜか知らないけど、走らされたんですよ。長い距離を。そのときに何位だっかな。上からけっこういい順位で賞をもらったりとか。

──運動神経よかったんだね。

普通。体力は自信あるんですけど、瞬発的な50メートル走とか100メートル走とかそういうのは苦手で、速くなかったですね。それが中学2年の運動会、なぜかリレーの選手に選ばれて。3クラスあって、チーム4人のひとりに選ばれて。僕は普通なのに、クラス、それ以上に速い人がいなくて入っちゃって。「これじゃ僕で勝つしかないよね」ってみんなで一生懸命話ししてもアンカーになったんですよ。「うわ、最悪」と思ったけど、ほかのクラスも速い人ばっかなんですよ。これどうすんの、って言って、「最初でぶちぎろうかな」となって、最初3人がバーッと走って距離を作ってて、僕アンカーでバトンをもらって走るんですよ。トラック1周だったんで、3分の1ぐらい距離を離したのに、次の2位のチームのアンカーが、学年で2番ぐらい速いやつで、どんどん距離がつまってきて、最後のほうは横並び、みたいな感じで、「自分遅っ」て感じで。最後は勝てたんですよ。「そんな距離があるのに勝って自分ダサいな」と思ったけど、勝てて良かったですドキドキして。「うわ、短距離とか苦手で、昔から小学校のときからお腹痛くなっちゃうんです」、短距離だと「位置について」のときにもうお腹痛すぎて、トイレ行きたい、トイレ行きたいってずっと思うんですよ（笑）。緊張する。

──体力に自信があるから、ペダルの舞台も自信があった？

それはもうぜんぜん大丈夫でした。昔からサッカーをしてるあるし、お父さんが走るのについて行って自分とか普通にランニングしてた。中学もバスケでよく走ってたし。稽古とかも結局、そういう動く舞台も、走りに行っちゃうんですよ、稽古前にいつつも、ランニングで身体あっためて、柔軟とかアップしたんですよ。だから、ペダルのときも、前に共演した人と一緒に走ってきて、戻ったら、鏡の前でエアーの自転車10分とかやってってやってました。持久力はあります。

──それは精神面でも役に立つよね。

「すごいね。つらくないの？」とか言われるけど、意地ですね。踊りながら歌うのとか大変な瞬間もありますけど、それも意地で乗り越える感じ（笑）。

──今回の受賞を経験して、近い将来には、自分が客として受賞したり、レッドカーペットを歩いたりしたいと思う？

それはもちろん思いますよね。ああいう場にいれたらと思うし、いたときの自分を最近、想像したりするけど。でも、想像すると照れくさかったり（笑）。だって、まわりにあんなに囲まれて、あの場を歩くわけじゃないですか。あれこその苦手なんですよ（笑）。卒業式のときに男女2列で歩くじゃないですか。あの人数でもなんかないですよ。けっこう照れくさいんですけど、でもああいう場で立てたらって思います。

──今回は、改めて小越くんの個人的なことや考えを聞いてみたいんだけど、まず、小越勇輝という名前は本名？

はい、本名です。

──誰がつけてくれたの？

えっ、たぶん親。両親。

──名前にまつわる話は聞いたことある？

あります。勇ましく輝いてほしいって聞きました。

──字画とは？

どうなんだろう。そこまでは聞いてない。でも、最近字画の占いみたいなのあるじゃないですかって、そんな悪くなかったです。あ、すごいな〜と思って。

──芸名決める機会はなかった？　小さいときに入ってから、そのまま？

はい。そうですね、そのまんまでした。

──途中で変える機会もなかった？

なかったですね。今になって変えたいと思いますけど

YUKI OGOE LONG INTERVIEW

ういうときに？
なんかどうしてもどっか行くときに、名前書いたりするじゃないですか。面倒くさくないじゃないですか。芸名だったら。本名とか知られるけど、そ×ジャーには出ないじゃないですよね。そうしたら芸×うがいいなって思いますよね。しかも、珍しいじ×ですか。小越とかいないから、あんまり。

×校でもいないよね？
で。ひとりもいなかったですね。

×本でも珍しい。
×ことないですね。でも、最近、見たりしますけど×小越って書いて「おごし」って人とか、ちょいちょ×は見ますけど、出会ったことはないですね。

×父さん、お母さんからはどんなことを言われた×？
×関しては言われました。お母さんから、小学生の×かも友だちを家に行ったときとか、簡単なことは×をそろえるとか、人んちに行くときは何か持たせて×ったりとか。そういうちっちゃいことから教えても×ったりはしました。恥ずかしくないように、というか。

×能活動するお父さんは？
×もたぶんやらせたくなかったはずなんで、どっち×も母さんも。連れて行かなきゃいけないから、僕は×行動できない歳だったんで。どこ行くにも連れて×きゃいけないし、そういった意味ではたぶん最×も面倒くさかったと思うんですけど。

×母さんはすごい若いけど、仕事してた？
×ました。

×じゃあ大変だね。
×ですね。はい。大変。うん。

×父さんも若いんだよね？
×同い年なんで。

×若い両親に育てられたことって何か違う？
×なんですかね。自分の両親がすごい早いときに産んで、そこでなめられたくないっていうのがあったみたいで。若いからダメねって言われるのが絶対イヤ×たりとか。だから、すごい礼儀とかもしっかりして×たりとか。自分たちもしっかりしてたりとかっていう×心がけてたみたいですけど。っていうのは聞きま×

×若くから友だちみたいな感覚？
×ん、友だちっていう感覚はないですけど、でも、仲×いですね。それこそ一緒に買い物に行ったりもしま×。すごい仲いいんですよね。今も、服の話とかしま×し。仕事の話もしますし。うん。なんか近い距離×やったりしますね。すごい。

×お酒を飲めるようになってお父さんと飲んだりする？
×しますね。そんなに頻繁には飲めないですけど。
×日になんか、この間、日本酒を買って帰って一緒に×だり。

×お父さんの誕生日に？
×。何がいいかな？って考えてたんですけど、お母×話してて、日本酒が好きなんですけど、日本酒我×って話してたんです。それをあげたら喜ぶんじゃな×かなってにしようと考えて、結局、決め×ず3本ぐらい買っていって（笑）。すっごい重いな×いながら持って帰って飲んだりましたね。

×まさか一升瓶？
×瓶もありました。一升瓶と、その一個小さいやつ2×

×あの両親だったから、と感じることは？
×うるさすごい言われてたんで、そういった意味で×仕事に関しても、すごい今でも言われます。だ×こそ、ホントにカン違いしないでいられる×うか、なんていうだろうな…。こう、今は自分の×ていきたいとか、こういうふうになっていきた×こういうふうに変わっていきたいっていうのは明確×考えてますけど。小さいころから、現場での人に対す×立ち振る舞いとか、どう仕事と接するのかっていう

のは、わからないなりにやっていた中で、親と一緒にいたから教えてもらったんです。それがあったから人一倍この仕事に真摯に向き合える気持ちがあるっていうのは思いますね。

——反抗期はこの間、中学生ぐらいにあったって言ってたよね？
中学生ぐらいですね。

——荒れるわけじゃないでしょ？
そんな荒れるわけじゃないけど（笑）。ババァとかたぶん言ってましたね（笑）。

——お母さんはだいぶ近いけど、お父さんは？
お父さんはどうですかね。どの家庭もそうだと思いますけど、やっぱお母さんのほうが近いじゃないですか。一緒にいる時間も長いですし、お父さんは仕事に出てて、とかいる時間が少ないですけど。でも、服とか靴とかやっぱお父さんの影響だったりもするんで。お父さんも、昔、靴とか買い、抽選に並んで買ったりしたらしい、っていう話を聞いたり、今、再販されたスニーカーとか「それ昔流行ってた」とか、アクセサリーの話とか。そういう話は、すごいしますね。音楽の話とかもするし。ホントみんな込めてお父さんの影響っていうのは、音楽とかもそうですし。

——お父さんは音楽は何が好きなの？
ヘビメタとか、メタリカとか、そっち系が好きですね。日本でも、なんだろうな…永ちゃんとか、昔からずっとBOØWYが好きで。そのお父さんの昔からの友だちがいるんですけど、家に来るといつも二人で酔っ払うと絶対BOØWYが流れてたりするんです。その影響で自分でも好きになってBOØWYを聞いたりします。あとはなんか、酔ったときは面倒くさいな、と思いながら（笑）。自分も酔うから、最近。酔いながらも、ニュースになってる話をしてみたりとか。「おまえが昔やってるのは別に特別じゃないもな」って言われ、「すごい見られるし、特殊だけども、根本はどの仕事も一緒だな」と思って。そういうちっちゃい言葉は自分の中で意外と大事だな、と思ったりはしますね。

——妹さんとはどういう関係？
どういう関係ですかね。3つ下です。でも、仲いいですね。べつに特別、家にいて、家族みんなそうですけど、時間が合わないなり帰ってきたりとか。妹はもう今、仕事もしてますし。なのでぜんぜん時間が合わなくて、話さなかったりもしますし。LINEはきます、めちゃくちゃ。なんか「あれ見たよ」とか。出たものもそうですし。妹はけっこう好きなんで「次の舞台、これ出るんだ」とか。「こういう人出るんだよ」とか。「ここにあった、このカフェ行った、良かったよ」とか、あと、自分がSNSとか、そういうのに載せたものを見ると「ここおいしかったの？」とか「どうだった？」とか、ちょくちょくLINEきます。

——お兄ちゃんが誇らしいんだね。
どうなんですかね。ま、イヤなこともあったでしょうけどね。高校に入ったら、いろいろなところから人が来るから、ばれないとはあれですけど、それまではやっぱ自分がいた学校に妹もあとから入ってきたから、何か言われたりしただろうな、とは思いますけど。でも、高校でも、最近、2.5次元っていうのが流行ってきた中で、すごい仲良かった子が、2.5が好きだったみたいで、どっかで打ち明けたらしいんですよ。ちょっとこれはマズイと思って、言われる前にだ。そしたら、「わかってた」って言われたりらしくて（笑）。

——顔も似てる？
似てないですね。

——小越くんはどっちに似てるの？
僕はお母さんって言われます。

——自分が幸せだなって思うのはどんなとき？
ふとしたときに思ったりはしますね。単純に仕事があるときとか、自分の家のテーブルの上に台本が載ってるときとか。「あぁ、ちゃんと自分を待ってるんだな」「やらせてもらえてるんだな」っていうのはすごい感じますね。安心もするし、なんかすごく幸せを感じるかな。

——最近は、少ないと思うけど、テーブルの上に台本がないときは不安？
不安ですね。やっぱ。つねに不安ですけど。

——不安が後ろにあるから、仕事があることに幸せを感じられるんだね。
うん、そうですね。どっちかだけっていうわけではないんでしょうね。不安があるから、幸せがあって、幸せがあるから不安があるっていうか。うん。そんな感じがしますね。

——爆発的に手放しで「幸せだ～！」という感じには？
ならないですね（笑）。う～ん…幸せって難しいですね。でも、ドラマの『弱虫ペダル』を撮ったときに、第1話の完パケのやつを、自分みて見たときは幸せでしたね。「あぁ、形になった。良かった。これを届けられるんだな」と思って。もうオープニングが始まったときから、「うわ、良かった～！」と思って。

——形になったものを見られたときがうれしい？
うれしいですね。なんかもう、つねに仕事のことしか考えてないのかもしれないですね。基本。アウトドアでもないし、今日休みだから、じゃあ、どっか気晴らしに行こうかな、ともならないですし。

——ネガティブさをいつもくるんでるのが自分のベース？
うん、そうですね（笑）。あとは自分の感情を普段は押し殺してる気がします。わかんないですけど。だから、人より普段のふり幅がないというか。爆発的に喜んだりとか、うれしかったり、おいしいとかっていう感情を出せないっていうか？

——それは意識してる？
いや、してないですけど。なんていうんですか、性格って言ったら、それでおしまいですけど。我慢しがちなところはあるのかな。それがクセついたのか、何なのかわかんないですけど。

——なんで我慢するんだろうね。相手を尊重したり、人の気持ちを考えすぎちゃう？
それもありますね。一歩、二歩、先をヘンに読んじゃったりとか、とかなんですかね。

——抑え込んでる自分がつねだから苦しいとかツラいとかは？
ないですね、べつに苦しくない（笑）。もはや抑えてるという感情もあんまりないですけど。自分を出すのが苦手なのかな。だから、「普段とぜんぜん違うね」って言われたりとか、仕事してるとき。あとは「プライベートが見えない」ともよく言われるんですけど。

——じゃあ、役をやるときに発散ではないけど、そこで出せるという感じ？
うーん…べつに自分の気持ちを発散してるわけではないから、役として生きてるっていう感覚なんで。自分の気持ちがどうこうを優先されることはないから。どこで発散してるのかって…発散してないですね（笑）。わかんない、こう感情的になって発散することはないですね。泣いたりもあんまりしないし。泣ける映画見ても、泣けないし。

——でも、自然に涙は出るでしょ？
出るまでは、ごくまれに。「この映画いいんだよ～」って言われて見て、確かにいいんだけど、「あ、ここ泣くポイントだな」って思っちゃうともう泣けなかったりとかしちゃいますね。

——人が死んだりするのは泣けない？
泣けないです。でも、作品見て泣いたことないです。素敵なんですけど。性格なんですかね。か、我慢しちゃってるのか。

——感情を抑制できない人を見るとどう思う？
えっ、どういう気持ちなんだろうなって思います。恥ずかしいな、と思う。なんか人それぞれ表現の仕方があるから、それはそれでいいと思いますけど、度が過ぎたら。

——女の子ってそういう感情的な人って意外と多いと思うんだけど。
多いですね。だから、女性の感情の豊かさってすごいな

思います。芝居してても、すぐ泣ける人いるじゃないですか。本読みしてて泣きそうになってる人見ると、「この人すごいな」って思って。その役の気持ちであったりが自分の中にあって、それを表現するまでどうしようとか考えすぎてしまう。本読みの前に完成してなかったり、まだ試行錯誤してる中でそこまで感情移入できるのが、「は〜、すごいな…」って思いますね。自分にはないというか。作りが違うのかわかんないですけど、すごいなって思いますね。

――女の子と感情的にケンカしたことないの？ 怒って気持ちをぶつけたり、泣かれたりしない？
確かに。最近、そんなことないですね（笑）。小中ぐらいはあったのかな。どちらかというと間のほうが多かったから。最近も幼なじみがもうすぐ仕事が始まるっていうので、すごい悩んでて、話聞いてほしいっていうので、そこで話聞いたりっていうのはありますけど。

――そういう感情を出さない自分は不器用だと思う？
あんまり器用、不器用だというふうには考えたことないですかね。

――それが自分であって、直したいと思ってるわけではないもんね。
そうです。それがいいか、悪いかわからないですし、もっとうまいことやれればいいと思いますけど、「それが自分なんだな」って思ってる部分は大きいです。

――変わりたいとか変えたいとかは？
あんまり思わないですけど、人にうまく接せる人とか、天性がそういう人っているじゃないですか。うまいことやれる人って。そういう人を見るとうらやましいな、って思って。そういうことって大事なんですね。自分も努力してやってみようと思うけど、できないって思うと、そこは不器用だな、とか思いますけど、自分って。もっとうまいこと適当に、わーってやってやればいいのに、嘘がつけなかったら。違うって思ったときに、それを「はいはい」いけない自分は不器用だなって思いますね。

――私生活が見えにくいとか、ミステリアスだと見られることは？
自分でべつにそういうふうにしてるわけでもないし、でも、そう思われるんだなって。接しにくいオーラが出てるのかわかんないですけど（笑）。ミステリアスとか私生活が見えないっていうのは、今、大事だなって「いいな」って自分では思ってます。見せる必要もないし、それを知りたい人もたくさんいると思うんですけど…。見せたくないっていう言い方は違うかもしれないですけど、謎のほうが面白いじゃないですか（笑）。なんか最近こう、ツイッターとか始めてみて、拡散力がすごいな、と思って。なんとなく気まぐれで始めて、それこそ「もっといろんな人に知ってもらいたいな」っていう気持ちで始めたんですけど、拡散力もすごいし、いろんなことを考える人が求めてるな、すぐつぶやけるし、「あ、これヤバいな」って思ってしまって、恐怖さえ感じて。ヘンにツイッターを始めたからって、「おはよう」とか「今日はこうだ」とか書く必要はないな、と思って。自分流にツイッターを使えたらなって思いますね。言葉とかも難しいなって最近すごい思います。自分が普段、感じることとか、思ったことを特に意味はなくても、今から外を歩いて「すごい晴れてるな〜」っていうところを、「晴れてるけど、この青空が自分の暗いところを少し照らしてくれて、それが気持ちいい」とかってことをたとえば思ったとして。べつになんとも思ったけど、見る人からしたら、「うわ、なんか闇でもあるのかな」って（笑）、見られちゃうんですけど。なんかふと、書いただけでもやっぱ深読みされるし。難しいな〜って。

――1対1でも言葉が難しいのに、不特定多数の人に合わせていこうとすると、すごく表面的な言葉しか使えなくなるし、そっちに自分を合わせる必要はないもんね。
うん。なんか、いろんな人がいろんなことを言うし、まして自分のまわりの人だけじゃないんで、そうやって見ている人がたくさんいるし、たくさんの知らない人から、いろんな人がいろんなことを言うけど、そこでブレちゃいけないなっていうのはすごい思いますね。いいって言

う人もいれば、悪いって言う人も出てくるし。全部に傾いてたら疲れるし、自分がなくなっちゃうな〜と思って。だから、「自分は自分で曲がらずいなきゃな」っていうのはつねに思いますね。

――どういうときに発信するの？
気分です。ホント気分ですね。今、瞬間に思ったときとか。

――そういうことも含めて、自分が愛されてるなって感じる瞬間はどんなとき？
うーん、愛されてる…。どんなときだろう。人が求めてくれるときとか。仕事とか。ってときは、ありがたいし、幸せだし、愛されてるなって思うかな。でも、その裏に怖さがあるんですけど。愛される以上の怖さというか。何かひとつでも踏み外したら、一気に裏返るような愛の怖さってすごいあるんですよね。そういうところが曲がってるんですよね（笑）。

――素直に思えないんだね。
そう。何か間違えたらダメなんだ、みたいな。っていうのはつねに思いますけど。

――なんでそう思うんだろうな。
自信がないからですかね〜。

――人から人気がある自分って「偶像」だなって思ったりする？ きらびやかな表に出ている自分は、本来の自分とは違うとか。
それはあります。だって、普段とぜんぜん違うから。

――舞台とか写真は？
演じてるときはぜんぜん違うなって思います。舞台、映像、写真、それはぜんぜん違う。それは演じてるというか。そのほかイベントであったりとか、何かのときって、でも、やっぱよそゆきの顔ですよね。最近、演じてると思いますけど、やっぱよそゆきの顔が出てるというか、電話に出て「もしもし」って声が変わるのも一緒で、たぶんそういうちっちゃなことなんですけど。

――それも、ちょっとだけど自分だから、それはいいんだよね？
結局、考えはじめると、どれが本当なのかもよくわからなくなってくるんですけど。でも、基本この孤独感…、なんていうのかな、が、ある感じというか、影のある感じというか。

――孤独感が自分の中にあるんだね？
うん。なんでかな。べつにその孤独だからっていう孤独感じゃなくて…。

――その孤独は、寂しさとは違う「いい孤独」だと思うんだけど。
そうですね。なんか一回…、「おまえのその孤独感がいいなって言われたことがあって。「俺が好きになるヤツは、いいなって思う役者って片耳がいなかったりするんだけど、仲いいんでしょ？」って。「仲いいですよ」って。でも、なんかおまえ、そういう孤独感があるんだよな。だからなんかおまえのこと好きだし」って言われて。「あぁ、何かあるんだな」みたいな。

――確かにそういう影があるんだもんね。
あります？ べつに自分ではないんですけど（笑）。

――ファンの人から得たものは？
すべてじゃないかな。今、ここにあるもの。ここ7年ぐらいでバーンといろいろ舞台だったり主演とかもやらせてもらって、それができるのは見に来てくださるファンのみなさんとか応援してくださるみなさんがいたから、こう続けられたし。あ、こういう子がいるんだって見てもらえたし。何か特別、だからといって、伝えられるわけじゃないんですけど。でも、やっぱ見ている人たちがいるから、やれてるなって、それはこれからも変わらないんですけど。ただ、思っていても、なかなか伝えられるものじゃないんだけど、それこそ家族のみたいなもんで、いつも一緒にいるから、「ありがとう」って言わないし、照れくさい。そんな感覚ですね。

――照れくさいんだね（笑）。
うん。なんか照れくさいけど、でも、感謝してるし。だから、何かのタイミングで伝えたりとか、ブログとかインスタとかツイッターとかで、自分が感じたこととか、見て素敵だなって思った景色とか、載せて、なんか思っても

らえたなって思いますね。みんなが感謝してくっ上に、僕も感謝の気持ちでいっぱいですから、そんにしてくれるのに、自分があげた言葉だったり、だったりを、「それがあるから頑張れる」とか、「(張ろうと思いました」って言ってもらえるのが、幸せですね。そういう言葉を見たときに、「自分はなにも人の力になれるんだな」って。演じてるとなくて、普段の自分が伝えたいものを伝えたときにに残ったりとか、何かを思ってもらえるのってないなって思いますね。

――何で返していけるんだろう？
やっぱり自分がいろんな作品と出会って、演じてを届けることができるのかな、と思います。特にベントはイベントだから、そういう機会でもあるしんでもらえたらと思いますけど、そういうのはうのまた別として。そういうことじゃない。そん単なことで「ありがとう」とかってことじゃなくってういう作品を通して、自分が役者として演じしも届けられたらなって思いますね。

――今は、欲求不満なことはある？ 沸々とわきとまるようなこと？
悔しさはいつもありますね。

――最近、怒ったことはある？
最近、怒ったこと？ ないです。面倒くさいから（

――怒る感情はあるんだね。
あります。毎日イライラしますもん（笑）。「人こヤだ」とか、電車も「なんで押すんだよ」とか、に降りれば、降りれるからさ」とか。そういうっいことでイラっとしますね。

――日々の人間関係ではイラっとは？
しないですね。イラっとする前に、避けます、って逃げる。なんかつきあわないようにする。その場当にしないので、だから、それでもうまいことえてすごい思うんですよね。広く浅くというかきちゃう人ってすごいなって思って。

――そういうところはすごく正直なんだね。
そうなんですよね。そこは不器用なんですよ。イとできない。イヤなモノはイヤだっていうか。ただ、とはしても、怒るようなことがないですね。とい、面倒くさいのが本当にイヤで。

――想定するんだよね。怒ったら、こうなって人間もこうなるとか。
あとあと面倒くさかったりとか。あとは怒ったってっていうのもあるんだよね。

――悔しいときも泣かない？
本当にまれですね。

――何に心が動くんだろうね？
なんでかな。爆発しないんですよね。

――喜怒哀楽だと、どれが一番でやすい？
え〜、どれだろう…。

――うれしいは出るんじゃない？
うれしい、楽しいはたぶん一番ですね。怒るかいかすですね。

――じゃあ、うれしいときも見えにくいんだね。
「本当に喜んでるの？」みたいな、「本当に思ってるみたいな感じに。ホント始めなじみに「やり直し」っれますね。「わ〜、やった〜」（棒読み）みたいな。り直し」「嘘やん、棒読みでしょ」って（笑）。そんもりないんだけど、素直に出せないんですね。

――笑顔がかわいいし、お笑いを見て笑うでしょ？
笑います。笑います。この間、久々に見て笑いまし『ドキュメンタル』ってアマゾンプライムの松本さんがやってるヤツって。芸人さんが10人くらいてね。ひと部屋に集まるってヤツで。で、全員が10C円ずつ持ってきて、そこで勝ち残った人がその集ま1000万円をもらえるっていう。笑わせ合うんですよ。笑ったら出ていかないといけなくて、っていうのを久々に笑いました。

――それって、笑っちゃうと出ていくの？
1回ぐらい笑うと、イエローカードみたいな感じで

YUKI OGOE LONG INTERVIEW

ですけど。ホントに笑っちゃうとアウトみたいな。
"声を出して笑っちゃいました。

——クランクアップとか、舞台の千秋楽とかは？

がすごいですね。達成感がすごいのも、ホッとするが大きいですね。ホッとして軽くなる感じ、肩の荷が降りたいうか。爆発させる感じではないですけどね。

——自分への褒美のために何かすることってある？
ビール飲むくらい。

ですね。普段毎日？　ビールは、欠かせない。絶対ありますね。それぐらいね〜。

——それってどんな感じなの？

、一日終わったな」っていうの。仕事中は水とかお茶ジュースとかっていうのは飲めるじゃないですか。お酒は飲めないじゃないですか。だから、終わったあとは、そうか、「あ、今日一日終わったんだな」っていう感じ。

——帰ってきて、手を洗い、テレビをつけ、ソファに座ってすぐって感じ？

ですね。わりとすぐ。

——缶ビール1本？

1本。最近、1本にしてます。あんま食べないようにもしてて。最近、6時以降食べないようにしてて、制限勝手にしてるんで。

——何かに向けてじゃなくて？

てというか、顔に出やすいから気をつけないとなって。しかも映像やってると特に、丸く映りやすいから、ったところから始まって抜けだせない感じですかね。

——そういうのにハマりやすくて？

っちゃうのかな。今は、そこまであれですけど、ちょっと、5月か。5か月前ぐらいまで食べることに罪悪感をしてしまうくらいでしたね。

——すごく仕事に対してはストイックになれるんだね。

ですね。何かがあれば。何もないと頑張れないですね。

——今回、JUNONとの関係性があった上での写真集と思うけど、担当編集の井原さんのことはどう感じてどんな人？

だろうな。何か、井原さんが自分以外で、どんな役者でもそんなそんな話はしないですけど、ね、いろんな人を撮って、こうしようってしてると思うんですけど、自分が一緒にやって接していく中で、すごくJUNONの撮影があるって聞いたときは楽しみだと思うんです？「楽しみだな」って毎回、思わせてくれる。そんなワクワクさせてくれる人というか。「自分を見せてくれるんだろう？」って。自分をこう見せるかを井原さんの中で、頭の中の構図というか、計画があって。ほかの媒体じゃできないことか、やらせてもらえないようなことをやったりとか。それは服装から写真、場所から、企画から、毎回違う自分を見せようとしてくれる。それがたぶん普通なんですけど、きっと。くれる人があきらせないというふうに取り組んで、どういうふうな作品、ひとつの本を出すのかっていう仕事なのかもしれないです。でも、すごく親身になってというか、小越勇輝っていう役者をどう表現するかをすごく考えていくのかなJUNONの中でもくれてるなって思いますね。だから、毎回楽しみだし、「あ、今回はこうやるんだ」とか、「こういうふうに表現するんだ」とか、ワクワクしますね。あの撮影とかにもワクワクするし、見てもらうとどういう反応があるんだろうっていうことに関してもワクワクするし、そこはすごいなって思います。

——井原さんのやることに信頼感があるんだね？

ですね。うん。たぶん見たことないっていう、「あ、こんなの初めて見た」って思う回数は、ファンの人とかくださる人はすごく多い回数は持ってるんじゃないかな。

——自分でも出来上がったものが新鮮？

れというか、僕自身に関しては自分のことだから、あまり感じないですけど、新鮮っていうよりも見てて楽しい感じですね。

——JUNONとの関係性って井原さんとイコールだね？

そうですね。だって、あれ、前話したのかな。中2ぐらいのときに初めてJUNONの後ろのほうのページに出させていただいて、「あ、JUNONだ、JUNONだ」と思っていたところから、今、こんな頻度で出させていただけるのが不思議ですし、すごいありがたい。ジュノンボーイでもないし、僕は（笑）。こんなに出ていいのかって思うぐらい出させていただいて、すごく感謝ですね。ここに出れてる自分がホント不思議ですね。呼ばれなくならないように頑張らなくちゃって思います。

——カメラマンの山本さんはどうでした？

山本さんはもう何回も撮ってもらってて。いいコンビだと思いますけどね、あのふたりも（笑）。すごく面白いですし、「写真が好きなんだな」って思いますね。人を撮るのももちろんそうですけど。あとは、自然体な感じというか。

——今回、すごくオフみたいな感じも撮ったけど、どういう心のありようで撮られたい？

作りこんだショットもいくつかあるんで。そこは、そこに徹するというか。作りこんだ世界に負けないように表現しないとな、と思って撮ってました。すごくいろんなところは、ドキュメンタリーだったので、何も考えないようにしよう、っていうのは考えてました（笑）。なんか、自然体って難しいですけど、すごくいいな〜と思っていて。自然体でいるのって素敵ですね。自然体の中でどう見せるか。っていうのを自分の中で最近考えていたので、そういった意味でも今回、またひとつ何か自分の中に新しいものが入ってきた感じがしますね。

——自然体って、普段の自分のありのままを肯定するってことだよね、「いつものこの自分」を撮ってもらうっていう。

ただ、自然体の中でも、やっぱでも意識はしないと、使えないから（笑）。

——本当にだらんとしていて、いいわけじゃないもんな。

うん（笑）。でも、普段の自分を見せてどうこうってやつは、そんな自信は自分にないから。自然体でありながら、自然体の作りこまれた感じ…うーん、よりなじんでいる感じ。風景であったり。

——その設定にね。

うん。ってことなんですかね。最近、「決めて」とか「作って」っていうのが恥ずかしくなってきちゃって（笑）。ふと我に返ってしまうんです。「何をこんなカッコつけてるんだろう」みたいな。

——でも、舞台の扮装をして写真を撮るときは大丈夫なんだよね？

うん、でも、写真とかって、言ったら自分じゃないですか。ベースは自分で、その人がカッコつけたりとか、かわいくやったりとか、いろいろやるわけじゃないですか。そういうとき我に返っちゃうんです。たまに、裏っかわで。「自分、何やってんだ」って恥ずかしくなっちゃうんですよね、最近。

——でも、舞台に出てるときは後ろ側の自分はいないの？

ないですね。袖に入ってると、自分というか。心配性なんで、ずっとセリフつぶやいたりしてて。出ちゃうとぜんぜんないですけど。

——インスタの写真は？

自撮りもありますけど、撮ってもらったりもある。でも、インスタはプライベートだから、好き勝手できるじゃないですか。適当で、言った、なんか勝手に撮ってもらったりとか。

——今回のは作品だもんね。

そうですね。作品になったら、いろんな表情が出てきたり、出さなきゃいけなかったりするじゃないですか。自分で出すような写真だったら、全部同じ表情でもいいし、ここにこだわってとか、そこまでって感じ。

——今、自分の仕事は天職だと思う？　これ以外にないと思う？

思いますね。もはや想像がつかない。

——それってすごく幸せなことだね。

そうですね。で、果たしてこの仕事でじゃあ今後ずっとやっていけるのかっていうのは、わからないですけど。先のことなんて見えないし。もう、来年仕事ないかもしれないしとかって思うと、不安だし、どうだろうなって思いますけど。だからといって、ほか何かやってるかって想像もつかないし。これしかないから。これでやっていきたいなってずっと思ってたんで。

——この仕事がダメだったらっていう保険は考えなかった？

ないですね。大学、一応、行こうかなって考えましたけど。行ったところで何するんだって。保険っていうのもよくわからないし。行ってすることもないし、お金と時間の無駄だなって思って、だったら、この仕事でやりたいし。この仕事をやるためにそういう高校に入ったわけだから。と思って、ぜんぜんそれ以外のことは考えてないですね。

——来年の仕事がなくなるかもしれないという不安を解消するのは、今やってることを頑張るしかない、という感じ？

そうですね。今やってることを頑張るしかないですよね。今、仕事があるから、チャンスがあるわけじゃないですか。いろんな人が見てくれるし、現場でもいろんな人が見てくれるし、外でも見てくれるし。自分っていう役者を表現できるし。それがなくなったときに、自分を見てもらうのってオーディションでしかないから。だから、つねに何かを感じていたいとか、思っていたいとかな。つねに揺れていたいって思いますね。前に言われたので印象的なのが、「ふたつコマが回ってて、1個は安定しててキレイにコマが回ってて、片方はもうグラグラしてて今にも倒れそうなコマ、どっちを見ますか？」って言われて、「ぐらぐらしてるほうを見る」。だから、いつまでもそれは芯があってずっと立っていられる人はすごいなって思いますけど、そういう芯は人生にしながらも、気持ちはいろんなものを感じて揺れていられる人。すごいいろんなものを柔軟にキャッチできる人でいたいな、と思いますね。

——それはどういうふうにするとできると思う？

ホントにちっちゃいことでも感じようと思います。「あぁ、今日、天気いいな」とかそんなことから。

——感覚を研ぎ澄ますってこと？

うん、「あ、花が咲いてるな、きれいだな」とかちっちゃいことでも。で、そういうふると思ったことでもSNSにあげたりもしるし。なんかちっちゃなことでも感じることが大事だなって思う。

——お芝居で大事なことって「感じること」だと思う？

そうですね。すごいまわりを見てたりとか、客観視できること。俯瞰で見れたりとか、難しいですね。主観でそれでも、自分しか考えないでも、できちゃう人というか。トップで立ち続けていられる人って、自分はそういうタイプじゃないなって思いますけど、自分はそういうタイプじゃないなって。まわりを見ちゃう、まわりを見たいし、それってたぶん自分がそうやって大きな役というか、中心にいさせてもらったから、なんだろうなっていうふうに思うんですけど。みんなで作る、みんなで同じ方向を向きたいっていう。そういう気持ちを持てたことはすごくありがたいな、と思って。それを大事にしたいな、と思うし、つねにまわりを感じることですかね。芝居は。やっぱ自分がどうしてもこうやりたいっていうのは、人によってはあるかもしれないですけど、僕はそっちじゃなくて、人に合わせられる。譲れないところはあるかもしれないけど、人に合わせられる芝居っていうか。舞台でも毎日、ちがって。人が何か投げてきたら、自分はそれに反応するわけで。じゃあ、自分がこう投げたら、自分の芝居からも相手を変えたい、と思いますけど、そういう投げ合いができる、いつもいないアンテナを張っていたいな、と思います。映像でも、カメラ前に立って始まっちゃったら変えようがないですけど、だからその前のドライとかリハとかで、その瞬間、その人はこういう芝居をするんだってビビっと。映像なんか特にそうだと思うんですよ。稽古があるわけじゃないんで。その人のことあんまりわかんなかったり、どんな芝居するんだろうってわからないけど、その瞬間で感じてやるしかないから、アンテナはつねに張っていたいなって

──すごく感じる心を持ってるんだけど、それを普段出さないのが面白いね。

それが普段出たらいいんですかね。出たらいいんだろうけど、またちょっと違うんだろうですが、出うすけしないですね。省エネですね(笑)。仕事のときに発揮できればいいかな。

──変わりたいところはない？

変わりたいかって言われたら、極論ないですけど、変わわれるんだったら、変わりたいところはいくらでもありますよね。もっとうまいこと人づきあいしていきたいとか、そういう気持ちの面から、もっと身長ほしいとか(笑)。いろいろ思うことはあれど、べつにいいかな。

──コンプレックスは？

あります。というか、ありました。あったけど、もうどうしようもないってことがわかったので、いいやって思ってる。肉体的なところが、一番大きいのかな。

──変えられないんだったら考えても意味がないことなって。

うん、そこで悩んでもどうしようもないから。もういいやっていう。

──手放した？

うん、だから、これといったコンプレックスはないです。自分は自分でしかないので。

──すごく純粋だよね。ただただけを、今を積み重ねていく、という。

そうですね。10年後とかどうなってるかなんてまったくわかんないですけど。だって、去年どうなってたってわからないのに、なのに、10年後なんてわかるわけないですけど。不安だけど、でもこうなってたいな、とか。そういうのはやっぱ、描いたりしますね。

──10年後も描いたりするの？

します。うん、何となくですけどね。10年後、今は2〜3年後と10年後ですかね。

──意識して描いておくの？

意識した。2〜3年後ってのは最近ですけど、2〜3年後ってあっという間なんで、近いからそこは。

──言えることを教えて。

単純に、もっと自分のことを知ってる人を増やす。すご〈単純ですけど、うん。

──それをどうして目標にしてるの？

なんかできる気がするから。なんとなく。感覚ですけど。何かこの2〜3年で変わるんじゃないかなって、なんか、ヘンに思ってるんですよね、最近。何か変わる予感がしてる。

──いい予感ね。

うん。当たらないかもしれないし、当たるかもしれないし、そんなこともわからないですけど。

──オーディションに受からずに挫折感を抱えたときもあったけど、それでも少しずつ希望が叶ってきたことが自信になってきてた？

間違いなくやってきたことで、自分に少なからず自信がついたりとか、技術もついて、っていった意味では自信になってますけど、それとはまたべつの何か。何なんだろう。新しい勝負が始まる感じというか。うん。それが、どう結果に出るか。これから。

──それが10年後につながってくる？

そうですね。その積み重ね。そこでいろんなものを経験して、10年後は、33歳かぁ。いい塩梅っていうか。もっと安定して、こう役者として楽しんでもらえるような、「あ、こんな役もやって面白いな」「こんな役もやるんだ」みたいな役者でいたいですね。気持ちはブレずに、うん。

──でも、10年経っても、まだ33歳なんだよ。

いや、もういい歳ですよ〜！ 今でもヤバいって思ってますもん。いつまでも、23歳でヤバいって思いますよ。ダメなんで、あかんなって(笑)。もう甘えてらんないなっていう感じですわ。

──普通にみんな大学出て、社会人1年目ぐらいじゃない？

関係ないですね。あかんですね〜。ダメですね。

──すごく大きな質問だけど、生きる意味ってなんだと思う？

わかんないですね(笑)。人生ってたまに考えたりしますけど、何なんですかね。生きる意味…。何なんだろう。単純に生きるってことにフォーカスを当てて、生きることに意味ってあるのかな、とか考えだすと、なんかあまり、よくじもんもあるのかわかんなくなってきちゃうから。意味ないものって思ったほうがいいと思う。生きるっていうことには。ただ、自分がいるから、生まれてきたから、自分が生きてる意味はあって、生きることでこの意味のかなって。たとえば、仕事してしたら、苦しいかもしれないけど、その裏で何か やりがいがあったりとか、それが人のためになってるし。それがもうその時点で生きる意味になってるし。それが幸せとか生きてる意味わからないですけど、それじゃない部分で幸せな部分ってあるじゃないですか。家族といるときなのか、恋人といるときなのか、買い物してるときなのか、散歩してるときなのか。その中で幸せであったり、悲しいとか何か感情があるわけで、その感情がまた生きる意味でもあるのかなとか。…ってことなのかな。その人それぞれの生きる意味がたくさんあって、この世界が動いてる感じというか。それがわからないし動かないし、なんかああ生きる意味ってなんだろうって考えすぎるわけわかんなくなってくるんじゃないのかな。

──自分が生まれて、今こにいること、その経験だって感情がもう生きてる意味だと。

うん、そうですね。

──今を生きてることを幸せだな、とか、自分が自分で良かったな、とか思うことはある？

良かったな、とは思います。今までいろいろあったし、これからもっといろんなことがあると思うんですけど、いいことも悪いことも。でも、自分でいられる幸せというか…っていうのも感じるし、人間として生まれたとか、自分として生まれてこれて良かったな、と思います。

──この仕事をしてる自分を愛してるんだね。ツラいとも違和感もある、お芝居をやってる自分の人生を愛してるというか。

そうですね。良かったです。うん。この仕事をやっててきて、できてて、良かったと思います。幸せですね。

──70～80歳までお芝居をやっていたい？

やっていたいです。続けていたいですね。

──お芝居をすることが人生そのもの。

うん、そうですね。なんか、正直、今こうやってまわりに芝居をやってる人もいっぱいて、僕を知らない人もたくさんいて、ほんとに代えないくらいでもいるなと思うし、目指してる人もたくさんいるし。その中で自分ができてるのが幸せなんですけど、果たして10年、20年やっていて自分が残ってるんだろうってことも考えるし。自分は絶対残っていたいじゃなくて、残ってる。これしかないから。これしかないし、楽しいし、好きだから。だから一歩一歩ちゃんと確実にやっていきたいと思いますよ。うん。

──今は、来年に向けての活動で新たに発表できることはある？

初めて声優に挑戦しました。アプリで見られるアニメがあって、3分ぐらいの作品が10話あるんですけど、主役で初めてやらせていただいてて。すーごい、難しかったです。そのご縁は、2年前にネットドラマ、ネスレさんの『踊る大宣伝会議』という作品(ネスレシアター『踊る大宣伝会議、或いは私はいかに して踊るのを止めてゲームのルールを変えることに至ったか』Season2 主演・真北太助役)をやらせていただいたんですが。その時の助監督さんが僕のことを覚えてくださっていて、「小越くんがいい」って思ってもらえたみたいで、今回やらせていただきました。

──小越くん、いい声だもんね。

ホントですか。僕、自分の声嫌いなんですけど(笑)。発信するのと録音する声と違うじゃないですか。いつ分そんな声なんだ」って思います。でも、「いいね」って言ってくださる方もけっこういて。今回、声優お仕事させていただいて「声優さんって本当にすんだな」って思ってしまって。「また生表現の仕方が違うな」と思いまして。だから、そこをリスペクトして自分なりにどう表現するかっていうのを大事にしてやりました。

──身体を動かさないで声だけで表現するのって かった？

僕はけっこう動いちゃうかな。手とか使っちゃって立ったままでしゃべるだけって厳しいですよね。絶対したほうが生っぽくなるかって僕は思ってて、動いたほうがその瞬間の力が入るだろうから。自分なりの表現ができたらなって。

──先日は、学園祭でトークショーという初体験もそうでした？

女子美術大学に呼んでいただいて、女子ばっかり(笑)。1時間半のトークショーで質問に答えてすごく新鮮でした。プロじゃないんで、そこの学生さんが一生懸命企画してくださって形になって、本番は学生さんで慣れない感じも面白かったな。文化祭ではのそこにかけてるパワーがすごくあふれてて、でも元気もらった感じもします。あと、学生さんの庭ごはんも食べました。

──そろそろ終わりにしようと思うけど、何か言い忘れたことはある？

いろいろ話したし、なんか半年間密着してもらって写真もそうなんし、お話ししていく中で、ふとあああと言ったなって思い出すことがあるんですけど。半年長いような短いような、でもすごくつまってる時間だったって思ってたのもあるというか。「あぁ、こういう表現もあるな」とか「ちょっと伝えたいな」って思うこともたくさんあって。日々、自分の中でも変わっていってるんだなっていうのを感じましたね。話すのは苦手ですけど分の考えを言うのって嫌いじゃないんですよ。でも、伝えたいとかこれ言いたいなってことが、すごくたくさんあった。そのときそのときで伝えられるものは伝えたし。この本を読んでくれる人もいるだろうけど、僕自身も見返したときに、「こういうときがあったな」って。アルバムの一部のような感じがしますね。

──じゃあ、本当に最後。言い足りなかったことはありますか？

僕、なんか新しいジャンルを築きたいんですよね。ないけど。若手が出てくると、みんな「イケメン」でまとめられるじゃないですか。なんでもイケメンでホントに何がイケメンかわかんないし。なんかこの間言葉でまとめないで、なんか新しいのがないなって。自分自身、イケメンだと思ってないし。この間、家族してたのは、「ネガティブ俳優がいいんじゃないか」なって(笑)。「それがパワーになってるから、ネガティブ俳優でバラエティに出るとかいいんじゃない？」「新しい言葉をもっと作っていったらいいよね」って、と家族で話してたんです。

──バラエティはもっとやってみたい？

やってみたいです。やらないと慣れないなって思って遠慮しがちだから。何でもやりたくなっちゃうんですね。役者だから、色んなものをもちろんやりたいし、でも表現の場だなって思うから。この仕事が好きだからなんでもやりたいなって思いますね。

──バラエティでも、ネガティブ俳優を発揮できたら白いね。

そうですね。自分の個性を(笑)。それこそそこを拾ってくれたら、たとえば「しゃべんないね」ってなっても、ういうこと考えちゃって言えないんですよ」とか話がるな、と考えたり(笑)。いろんなことを考えた話したりしてます。

──とりあえず、今日のところはこれくらいで。ありがとうございました。

YUKI OGOE DOCUMENTARY PHOTOBOOK YUKI

著者	小越勇輝
編集人	栃丸秀俊
発行人	倉次辰男
発行所	株式会社 主婦と生活社

〒104-8357　東京都中央区京橋 3-5-7
☎ 03-3563-5132(編集部)　☎ 03-3563-5121(販売部)
☎ 03-3563-5125(生産部)
http://www.shufu.co.jp

製版所	東京カラーフォト・プロセス株式会社
印刷所	大日本印刷株式会社
製本所	大日本印刷株式会社

ISBN978-4-391-15126-8

©SHUFU-TO-SEIKATSU-SHA 2017 Printed in JAPAN
©2017 AT PRODUCTION,INC

十分に気をつけながら造本しておりますが、万一、乱丁・落丁がありました場合は、お買い上げになった書店か小社生産部(☎ 03-3563-5125)へお申し出ください。お取り替えさせていただきます。

Ⓡ本書を無断で複写複製（電子化を含む）することは、著作権法上の例外を除き、禁じられています。本書をコピーされる場合は、事前に日本複製権センター（JRRC）の許諾を受けてください。また、本書を代行業者等の第三者に依頼してスキャンやデジタル化をすることは、たとえ個人や家庭内の使用であっても一切認められておりません。

JRRC（https://jrrc.or.jp/）　E メール：jrrc_info@jrrc.or.jp
☎ 03-3401-2382